SKATELINE

SKATELINE-GUIDE

Flaeming-Skate

Esterbauer

skateline-Guide FLAEMING-SKATE

A-3751 Rodingersdorf, Hauptstr. 31
Tel.: ++43/2983/28982
Fax.: ++43/2983/28982-500
E-Mail: skateline@esterbauer.com
www.esterbauer.com

1. Auflage 2004

ISBN 3-85000-153-9

Bitte geben Sie bei jeder Korrespondenz Auflage und ISBN an!

Erstellt in Zusammenarbeit mit dem Tourismusverband Teltow-Fläming e. V.

Dank an alle, die uns bei der Erstellung dieses Buches tatkräftig unterstützt haben.
Das skateline-Team: Birgit Albrecht, Beatrix Bauer, Grischa Begaß, Karin Brunner, Anita Daffert, Michaela M. Derferd, Roland Esterbauer, Jutta Gröschel, Dagmar Güldenpfennig, Carmen Hager, Karl Heinzel, Martina Kreindl, Veronika Loidolt, Michael Manowarda, Mirijana Nakic, J. Andrea Ott, Maria Pfaunz, Jenny Reisinger, Petra Riss, Tobias Sauer, Gaby Sipöcz, Matthias Thal.
Bildnachweis: Archiv: 46; Birgit Albrecht: 7, 22, 26, 38, 46, 74, 75; Tourismusverband Teltow-Fläming e.V. /Herr Funke: 18; Michaela M. Derferd: 5, 8, 10, 20, 22, 26, 28, 34, 44, 45, 48; Museumsdorf Glashütte: 66, 67; Tourismusverband Teltow-Fläming e.V.: 40, 58, 60, 62, 70, 72; Tourismus Marketing Brandenburg GmbH/Boettcher: 16, 30; Tourismus Marketing Brandenburg GmbH/Krumbholz: 32; Wildpark Johannismühle: 62, 64;

Vorwort

40 Kilometer südlich von Berlin im Landkreis Teltow-Fläming liegt das Rad- und Skate-Mekka FLAEMING-SKATE. Unter diesem Label ist in den vergangenen drei Jahren ein Netz von zirka 175 Kilometern feinst asphaltierten, 2 bis 3 Meter breiten Rad- und Skatewegen entstanden, das im Jahr 2002 mit einer großen Eröffnungsparty an die Rad- und insbesondere die Skategemeinde übergeben wurde.

FLAEMING-SKATE – das bedeutet skaten abseits großer Verkehrswege durch die abwechslungsreiche Landschaft des Niederen Fläming und des Baruther Urstromtals. Anfänger und geübte Skater finden gleichermaßen ideale Bedingungen für einen kurzen Skateausflug oder einen längeren Skateurlaub. Das Herzstück von FLAEMING-SKATE ist die zirka 100 Kilometer lange Runde zwischen Luckenwalde, Petkus, Wieperdorf und Jüterbog. Weitere kleinere Rundkurse von rund 8 bis 13 Kilometer Länge sind durch Querverbindungen bei Kloster Zinna, Luckenwalde und Altes Lager entstanden. Damit aber nicht genug: eine Erweiterung des Rad- und Skatewegenetzes ist geplant.

Präzise Karten im Maßstab 1:35.000, genaue Streckenbeschreibungen, zahlreiche Stadt- und Ortspläne und Hinweise auf das kulturelle und touristische Angebot der Region sowie ein Übernachtungsverzeichnis – in diesem Buch finden Sie alles, was Sie zum Skaten auf dem FLAEMING-SKATE benötigen.

Kartenlegende *(map legend)*

Die Farbe bezeichnet die Art des Weges:
(The following colour coding is used:)

Skateroute auf Fußweg (skate route / footpath)

Skateroute auf Rad- und Fußweg (skate route / cycle- and footpath)

Skateroute auf Straße (skate route / road)

Strichlierte Linien zeigen den Belag an:
(The surface is indicated by stippled lines:)

sehr guter Asphalt (very good asphalt)

guter Asphalt (good asphalt)

mäßiger Asphalt (moderate asphalt)

nicht asphaltierte Strecke (no asphalt)

Punktierte Linien weisen auf Kfz-Verkehr hin:
(Routes with vehicular traffic are indicated by dotted lines:)

Route auf mäßig befahrener Straße (skate route with moderate motor traffic)

Route auf stark befahrener Straße (skate route with heavy motor traffic)

stark befahrene Straße (road with heavy motor traffic)

starke; leichte Steigung (steep; light gradient, uphill)

3 Entfernung in Kilometern (distance in km)

1 Wegpunkt (waypoint)

Maßstab 1 : 35.000

1 cm ≙ 350 m
1 km ~ 2,9 cm

0 1 2 3 km

Schönern sehenswertes Ortsbild (picturesque town)

( ) Einrichtung im Ort vorhanden (facilities available)

Hotel, Pension; Jugendherberge (hotel, guesthouse; youth hostel)

Campingplatz; Naturlagerplatz (camping site; simple tent site)

Tourist-Information; Einkaufsmöglichkeit (tourist information; shopping facilities)

Skateverleih (skate rental)

Gasthaus; Rastplatz (restaurant; resting place)

Kiosk; Unterstand (kiosk; shelter)

Freibad; Hallenbad (outdoor swimming pool; indoor swimming pool)

sehenswerte Gebäude (buildings of interest)

Draisine (trolley)

Museum; Theater; Ausgrabungen (museum; theatre; excavation)

Mühle andere Sehenswürdigkeit (other place of interest)

Tierpark; Naturpark (zoo; nature reserve)

Aussichtspunkt (panoramic view)

P Parkplatz; Parkhaus (parking lot; garage)

Schiffsanleger, Fähre (boat landing; ferry)

H Shuttlebus; Rufbus (shuttlebus; callbus)

Kirche; Kapelle; Kloster (church; chapel; monastery)

Schloss, Burg; Ruine (castle; ruins)

Turm; Funkanlage (tower; TV/radio tower)

Kraftwerk; Umspannwerk (power station; transformer)

Windmühle; Windkraftanlage (windmill; windturbine)

Wegkreuz; Gipfel (wayside cross; peak)

Bergwerk (mine)

Denkmal (monument)

Sportplatz (sports field)

Flughafen (airport, airfield)

Quelle; Kläranlage (natural spring; waste water treatment plant)

Gefahrenstelle (Verschmutzungsgefahr, starkes Gefälle, Stolperstelle) (dangerous section)

Text beachten (read text carefully)

Treppen (stairs)

In Ortsplänen: (in city maps:)

Post; Apotheke (post office; pharmacy)

F H Feuerwehr; Krankenhaus (fire-brigade; hospital)

Staatsgrenze (international border)
Grenzübergang (border checkpoint)
Landesgrenze (country border)
Wald (forest)
Felsen (rock, cliff)
Vernässung (marshy ground)
Weingarten (vineyard)
Friedhof (cemetary)
Watt (shallows)
Dünen (dunes)
Wiesen, Weiden (meadows)
Damm, Deich (embankment, dyke)
Staumauer, Buhne (dam, groyne, breakwate
Schnellverkehrsstraße (motorway)
Hauptstraße (main road)
Nebenstraße (minor road)
Fahrweg (carriageway)
Fußweg (footpath)
Straße in Bau (road under construction)
Eisenbahn m. Bahnhof (railway with station)
Schmalspurbahn (narrow gage railway)
Tunnel; Brücke (tunnel; bridge)

Inhalt

Fläming

Die Ferien- und Freizeitregion Fläming liegt südlich von Berlin zwischen Elbe, Havel und Spree. Benannt ist diese Region nach den flämischen Siedlern, die sich im 12. und 13. Jahrhundert hier niedergelassen haben. Mit den Flamen kamen auch Sprache und Brauchtum in die Mark Brandenburg. Beides hat sich bis heute erhalten. Auf den jährlich im Juni stattfindenden Fläming-Festen in Jüterbog treffen sich Flamen und Fläminger zu einem Plausch auf „Fläming-Platt", genießen Klemmkuchen und führen Tänze in flämischen Trachten auf.

FLAEMING-SKATE – Infotafel

Das Wahrzeichen der Ferien- und Freizeitregion Fläming ist die Sonnenblume. Diesem Wahrzeichen begegnen Sie nicht nur in Natura, sondern auch entlang von FLAEMING-SKATE immer wieder, an Rastplätzen, Schutzhütten verschönert sie Schutzhütten und Hinweisschildern der Tourismusinformationen.

Das ganze Jahr hindurch werden Feste im Fläming gefeiert. So laden Frühlings- und Spargelfeste, Oster- und Pfingstfeste, Mühlen-, Turm- und Schützenfeste zu einem Besuch in den Fläming ein. Zusätzlich zu sonstigen kulturellen Veranstaltungen im Fläming gibt es mehrere Skaterveranstaltungen im Jahr. Dazu gehört beispielsweise das alljährliche „Anskaten im Frühjahr". In den Dörfern entlang des großen Rundkurses bauen Gastwirte und Vereine dann Zelte und Buden auf und laden zu Erfrischungsgetränken, Gegrilltem und Musik ein. Zu diesen Anlässen skaten vereinzelt auch Sanitäter der Johanniter-Unfallhilfe auf dem großen Rundkurs – für alle Fälle.

Inline-Skaten im Landkreis Teltow-Fläming

FLAEMING-SKATE hat sich bereits in der kurzen Zeit des Bestehens – die offizielle Eröffnung war 2002 – sowohl deutschlandweit als auch international zu einem Mekka der Skatergemeinde entwickelt.

Die Landschaft des Niederen Fläming und des Baruther Urstromtals bietet ideale Bedingungen für Skater aller Niveaus. Das Gelände ist größtenteils sehr flach und damit ideal für Einsteiger und Anfänger. Stärkere Steigungen und Abfahrten im sogenannten „Skaterdreieck Ließen – Petkus – Wahlsdorf" lassen die Herzen der geübten Skater höher schlugen.

Die Rad- und Skatewege wurden mit einem speziellen Asphalt versehen und sind mit 2 bis 3 Metern Breite großzügig ausgebaut. Bisher sind zirka 170 Kilometer sehr gut asphaltierte Rad- und Skatewege abseits von großen Verkehrswegen entstanden, die fast ausschließlich als Fahrradstraßen ausgeschildert oder als Rad- und Fußweg gekennzeichnet sind. Alle unter dem Label FLAEMING-SKATE entstandenen Wege sind somit auch für Skater zugelassen. Ein weiterer Ausbau des Rad- und Skatewegnetzes ist geplant. Hierzu gehört z. B. der Ausbau der Ortsdurchfahrten Stülpe, Lynow und Schöbendorf und die Strecke von Hohenseefeld

FLAEMING-SKATE – Schutzhütte bei Jänickendorf

über Dahme nach Wildau-Wentdorf.

Die Sicherheit auf den Rad- und Skatewegen von FLAEMING-SKATE ist größtenteils gut. Bereits jetzt verhindern Fanggitter, dass ein Skater, der nicht die Kurve kriegt, ungewollt geradeaus auf die Straße fährt. Dennoch gibt es einige gefährliche Stellen, die nicht gleich als solche zu erkennen sind und an denen es bereits zu schweren Unfällen mit Kopfverletzungen und sogar mit Todesfolge zwischen Skatern und Radfahrern gekommen ist. Gefährlich wird es in einigen engen und unübersichtlichen Kurven, bei Straßenüberquerungen und auf einigen Gefällestrecken. Hier sind besonders die Gefällestrecken im „Skaterdreieck Ließen – Petkus – Wahlsdorf", in Ließen der Weg am Haus Golm vorbei und die Straßenüberquerung in Kloster Zinna zu nennen. Vor allen Dingen wurden die bisherigen unscheinbaren Gefahrenschilder durch Gefahrenzeichen aus dem Straßenverkehr, die direkt auf die Fahrbahn aufgebracht worden sind, ergänzt, weitere Fanggitter installiert und Strohballen aufgetürmt. All dies ersetzt auf keinen Fall eine gute Schutzausrüstung. Deshalb sei Ihnen an dieser Stellen der dringende Hinweis ans Herz gelegt, FLAEMING-SKATE auf jeden Fall nur mit vollständiger Ausrüstung zu benutzen, d. h. Radfahrer als auch Skater sollten auf keinen Fall auf den Kopfschutz verzichten und Skater Knie- und Ellbogenschoner sowie Handschuhe tragen. In den Karten sind die Gefahrenstellen mit

dem Symbol ⚠ gekennzeichnet.
Es ist sicherlich nicht verkehrt ein mobiles Telefon dabei zu haben, denn im Fall der Fälle ist vielleicht keine Telefonzelle oder einer der freiwilligen Helfer der Johanniter-Unfallhilfe, die an den Wochenenden als „Sani-Skater" in unregelmäßigen Abständen über den großen Rundkurs flitzen, in der Nähe. Um Polizei und Rettungssanitäter schnell und genau an die Unfallstelle zu lotsen, wurden entlang der Rad- und Skatewege alle 200 Meter Pfosten mit einer Kilometerangabe aufgestellt. Die Polizei und Rettung besitzen entsprechende Übersichtskarten und können so schnell am Unfallort eintreffen.

FLAEMING-SKATE – Rad- und Skatewegbeschilderung

FLAEMING-SKATE bietet Skatern eine gute Infrastruktur. Egal, ob Sie mit dem Auto oder mit den Regionalexpresslinien zu FLAEMING-SKATE reisen. Es gibt ausreichend Parkplätze sowie einen Shuttle- und Rufbus-Service, der die Skater von den Regionalbahnhöfen zu den Rad- und Skatewegen transportiert beziehungsweise entlang des großen Rundkurses zu den Bushaltestellen des Öffentlichen Nahverkehrs bringt. Um die Anreise mit den Öffentlichen Verkehrsmitteln noch attraktiver zu gestalten, werden derzeit Pläne erarbeitet, die die bessere Anbindung der Bahnhöfe Luckenwalde, Jüterbog und Woltersdorf an die Rad- und Skatewege von FLAEMING-SKATE vorsehen.

Auch und gerade an Erholungsmöglichkeiten wurde gedacht und in der Ausführung nicht gespart. Zahlreiche, aufwändig gestaltete Rastplätze und Schutzhütten bieten die Möglichkeit, an einem hübschen Plätzchen eine Pause einzulegen.
Die ruhige Landschaft, die Seen und die Kultur des Niederen Fläming und des Baruther Urstromtals eigenen sich hervorragend für ein- oder mehrtägige Skateaufenthalte. Die Hoteliers und Gastwirte haben sich auf die Bedürfnisse der Skater eingestellt und bieten ihren Gästen einen speziellen Skateservice an, der vom Verleih über Vermittlung von Skatekursen bis zum Gepäcktransport ins nächste Hotel reichen kann. Entlang der Strecke gibt es weitere Skateservice-Anbieter, bei denen Sie nicht nur Inlineskates ausleihen oder kaufen, sondern Ihre Skates im Notfall auch reparieren lassen können.

FLAEMING-SKATE ist sehr gut beschildert. Die Beschilderung ist in Holz ausgeführt und so groß, dass sie bereits von Weitem gut erkennbar ist. Das gilt vor allen Dingen für die Beschilderung des großen Rundkurses – in diesem Buch große Flaeming-Runde genannt. Sie ist mit einem Skater versehen. Die übrigen Rad- und Fußwege von FLAEMING-SKATE sind mit dem Fahrradsymbol gekennzeichnet.

Gesetzliche Regelungen

Nach der Straßenverkehrsordnung (StVO) sind Inline-Skates „besondere Fortbewegungsmittel" und keine Fahrzeuge. Inline-Skater werden als Fußgänger betrachtet. Somit gelten für Skater die gleichen Rechte und Pflichten wie für Fußgänger.

Damit ist Skaten nur auf Gehwegen, in verkehrsberuhigten Bereichen und in Fußgängerzonen erlaubt.

Hier müssen Skater besondere Rücksicht auf Fußgänger nehmen und gegebenenfalls die Geschwindigkeit auf Schrittgeschwindigkeit (5-7 km/h) abbremsen.

Verboten ist das Befahren von Bahnanlagen und Bahnsteigen. Die Skates sind auf dem Bahnhofsgelände abzuschnallen.

Weiterhin tabu sind reine Radwege und Radstreifen sowie Straßen.

Ausnahmen bilden Straßen außerhalb geschlossener Ortschaften, die keinen Gehsteig haben. Auf diesen Straßen müssen Inlineskater wie Fußgänger den linken Fahrbahnrand benutzen.

Eine weitere Ausnahme bilden Fahrradstraßen. Lesen Sie hierzu unter „Gesetzliche Regelungen FLAEMING-SKATE".

Kommt es bei einem Schadensfall zu einem Rechtsstreit, dann sind bei der haftungsrechtlichen Betrachtung drei Fragen entscheidend: Wo ereignete sich der Schadensfall: Auf dem Gehweg, Radweg oder auf der Straße? Wie hoch war die Geschwindigkeit?

FLAEMING-SKATE – Radwegbeschilderung

War der Skater ein Kind, Jugendlicher oder Erwachsener?
Beachten Sie bitte, dass bei einem Unfall mit einem Fußgänger Sie als Skater im Zweifelsfall Schuld haben. Eine private Haftpflichtversicherung ist beim Skaten auf jeden Fall angeraten. Die beste Versicherung ist gegenseitige Rücksichtnahme und faires Verhalten.

Ausführliche Informationen zum Thema Inline-Skating im Straßenverkehr erhalten Sie beim **Deutschen Verkehrssicherheitsrat e. V.** und beim **Deutschen Inline-Skate Verband e. V. (D. I. V.).**

Gesetzliche Regelungen FLAEMING-SKATE

Hierzu hat das Straßenverkehrsamt des Landkreises Teltow-Fläming ein Merkblatt „Fahrradstraßen – was ist zu beachten?“ verfasst, dass beim Tourismusverband Teltow-Fläming erhältlich ist. Hier ein paar wichtige Auszüge:
„Auf Fahrradstraßen gelten die Vorschriften der StVO über die Benutzung von Fahrbahnen. Zur Erinnerung ist hier das auch für Fahrradstraßen Wichtigste nochmals genannt: Möglichst weit rechts fahren, nicht nur bei Gegenverkehr, beim Überholen, an Kuppen, in Kurven oder bei Unübersichtlichkeit. Abweichend davon gilt: 1. Andere Fahrzeugführer als Radfahrer dürfen Fahrradstraßen nur benutzen, soweit dies durch ein Zusatzschild zugelassen ist. 2. Alle Fahrzeuge dürfen nur mit mäßiger Geschwindigkeit fahren. Mäßige Geschwindigkeit bedeutet Anhalten ohne scharfes Bremsen. 3. Radfahrer dürfen auch nebeneinander fahren. (...) Und Skater haben niemals Vorfahrt! – weder gegenüber dem Farradverkehr noch gegenüber anderen zugelassenen Kraftfahrzeugen!!! Auch dann nicht, wenn Fahrzeuge aus einer Nebenstraße die Fahrradstraße queren wollen. Das ist ein maßgeblicher Unterschied der Skater zu den Radfahrern. (...).“
Wichtig ist vor allen Dingen sich beim Skaten auf FLAEMING-SKATE in Erinnerung zu rufen, dass auf allen Fahrradstraßen

Radfahrer Vorrang haben! Auch wenn der Name FLAEMING-SKATE Skatern den Eindruck vermittelt, auf einer eigens für Skater angelegten Bahn zu sein. Faires Verhalten und gegenseitige Rücksichtnahme sowie die richtige Schutzkleidung helfen, schwere Unfälle, wie sie in den letzten Monaten auf dem FLAEMING-SKATE passiert sind, zu verhindern.

Infostellen&Websites

Infostellen

Tourismusverband Teltow-Fläming e. V.,
Zinnaer Str. 34, D-14943 Luckenwalde,
✆ 03371/6435-50, 51,
Fax: 03371/6435-59,
info@reiseregion-flaeming.de,
www.reiseregion-flaeming.de.

Deutscher Inline-Skate Verband e. V.,
Alte Bergstr. 27, D-64342 Seeheim-Jugenheim, ✆ 06257/962236,
www.d-i-v.de

Deutscher Verkehrssicherheitsrat e. V.,
Beuler Bahnhofspl. 16, D-53222 Bonn,
✆ 0228/40001-0, Fax: 0228/40001-67,
dvr-info@dvr.de, www.dvr.de

Websites

www.flaeming-skate.de. Die offizielle Website zu FLAEMING-SKATE! Sie enthält aktuelle Informationen zu Strecke, Veranstaltungen und Service. Außerdem finden Sie hier eine ausführliche Linksammlung, einen Chatroom und eine Mitfahrbörse.

www.rollerbladen.de. Private, sehr gut aufbereitete Site mit nützlichen Infos rund ums Skaten

www.iisa.org. Die Website der internationalen Inline-Skater Association.

Skateservice

Entlang des Rad- und Skatewegenetzes FLAEMING-SKATE gibt es ein gutes Angebot an Skateverleihern, Skatereparaturwerkstätten und Skatekursen, die in diesem Buch unter dem Zeichen zusammengefasst sind. Die genaue Adresse der einzelnen Anbieter finden Sie in den Datenblöcken zu den jeweiligen Orten: Dennewitz, Jüterbog, Kloster Zinna, Ließen, Luckenwalde, Petkus, Glashütte.

Öffentliche Verkehrsmittel

FLAEMING-SKATE ist sehr gut mit öffentlichen Verkehrsmitteln zu erreichen. Von Berlin, Halle, Leipzig sowie Elsterwerda und Senftenberg erreichen Sie einige Bahnhöfe im Bereich von FLAEMING-SKATE direkt mit Regionalexpress- oder Regionalbahnlinien sowie mit Interconnex.

Vor Ort gibt es Linienbusverbindungen und vor allen Dingen die extra für den Skatetourismus eingesetzten Shuttle- und Rufbusse. So verkehrt zwischen den Bahnhöfen Baruth/Mark und Jüterbog ein Shuttlebus, der morgens die in Baruth/Mark ankommenden Skater nach Petkus und Jüterbog und am Abend wieder zurückringt. Der

Rufbus transportiert Sie auf telefonische Bestellung von bzw. zu den Bushaltestellen des Öffentlichen Nahverkehrs entlang des knapp 100 Kilometer langen Rundkurses von FLAEMING-SKATE.

Bahn & Inline-Skates

Mit folgenden **Regionalexpress- und Regionalbahnlinien** erreichen Sie Bahnhöfe im Bereich von FLAEMING-SKATE:

RE4 Rostock-Elsterwerda: Luckenwalde; Jüterbog; Oehna

RE5 Berlin-Elsterwerda: Zossen-Baruth/ Mark-Klasdorf-Drahnsdorf

B33 Berlin-Wannsee-Jüterbog: Altes Lager; Jüterbog

RB80 Halle-Jüterbog: Blönsdorf; Jüterbog

Es gelten die Tarif- und Beförderungsbedingungen des VBB.

Informationen zu den Fahrplänen und Fahrpreisen erhalten Sie beim:

Regio-Punkt Bahnhof Friedrichstraße, Friedrichstraße 141/142, D-10117 Berlin, ✆ 24729629 (Tourismusinformation), ✆ 24451116 (Fahrscheinverkauf), E-Mail: info@regiopunkt.de, www.regiopunkt.de

VBB-Verkehrsverbund Berlin-Brandenburg, ✆ 030/25414141, www.vbb-online.de

DB-Deutsche Bahn AG, ✆ 01805/ 996633 (€ 0,12/Min.)

Zwei Linien des privaten Anbieters **Interconnex** hält in Luckenwalde: Köln-Rostock und Gera-Rostock.

Connex Kunden-Center, Warliner Str. 25, D-17034 Neubrandenburg, ✆ 01805/ 101616 (€ 0,12/Min.), info@interconnex.com, www.interconnex.info

Bus & Inline-Skates

Der **Shuttlebus** verkehrt zwischen den Bahnhöfen Baruth/Mark und Jüterbog mit Zwischenstopp in Petkus von Anfang April bis Mitte Oktober jeden Sa, So/Fei sowie täglich in den Ferien des Bundeslandes Brandenburg. Die Abfahrtzeiten am Morgen und Abend sind auf die Ankunfts- und Abfahrtszeiten des Regionalexpress RE5 in Baruth/Mark abgestimmt: Baruth/Mark (Bhf) – Petkus: 10.50 u. 11.40 Uhr, Petkus – Baruth/Mark (Bhf): 11.10 u. 12 Uhr, Baruth/Mark (Bhf) – Petkus – Jüterbog (Bhf): 17.20 Uhr, an Jüterbog 18.10 Uhr.

Der **Rufbus-Service** steht von Anfang April bis Mitte Oktober jeden Sa, So/Fei sowie täglich in den Ferien des Bundeslandes Brandenburg zur Verfügung. In der Zeit von 12-16.30 Uhr kann der Rufbus per Telefon unter ✆ 0700/78328783 (RUFBUSTF) zu einer der Bushaltestellen des Öffentlichen Nahverkehrs bestellt werden. Dieser bringt Sie zu jeder Bushaltestellen entlang des großen Rundkurses. Fahrradtransporte (nur für Einzelpersonen) sollten bei Wochenendfahrten immer bis Freitag 13 Uhr und in den Ferien bis 13 Uhr des Vortages vorbestellt werden.

Für den Shuttlebus und den Rufbus gelten die Tarif- und Beförderungsbedingungen des VBB. Für den Rufbus wird ein Komfort-Zuschlag in Höhe von € 2,– zuzüglich zum VBB-Tarif berechnet.

Detaillierte Informationen zu den Fahrplänen und Fahrpreisen erhalten Sie bei:

Verkehrsgesellschaft Teltow-Fläming mbH, Forstraße 16, 14943 Luckenwalde, ✆ 01805/005312 (€ 0,12/Min.)

VBB – Verkehrsverbund Berlin-Brandenburg, ✆ 030/25414141, www.vbb-online.de

Private Anbieter & Inline-Skates

Einen individuellen **Kleinbus-Shuttle** können Sie buchen über:

Sommers Freizeitshuttle, August-Bebel-Allee 10, 15732 Eichwalde, ✆ 030/6756690, Fax: 030/6756690, Mobil: 0172/3654499, shuttle@flaeming-skate.de, www.sommers-freizeitshuttle.de.

Seit 2003 gibt es eine **Draisinenverbindung** auf der ehemaligen Königlich-Preußischen Militäreisenbahn zwischen Zossen und Jüterbog. Unter „Rail&Skate" gibt es ein Angebot für Skater, die einen Tagesaustlug zu FLAEMING-SKATE unternehmen möchten. Mit der Draisine entscheiden Sie selbst, wo Sie im Bereich von FLAEMING-SKATE aus- und einsteigen möchten. Infos erhalten Sie bei:

erlebnisBahn GmbH & Co.KG, Krossener Str. 23, 10245 Berlin, ✆ 030/29001287, Fax: 030/29001289, info@erlebnisbahn.de, www.erlebnisbahn.de

Veranstalter Skate-Touren

Tourismusverband Teltow-Fläming e. V., Zinnaer Str. 34, D-14943 Luckenwalde, ✆ 03371/6435-50, 51, Fax: 03371/6435-59, info@reiseregion-flaeming.de, www.reiseregion-flaeming.de.

Skate-Holiday Team Berlin, Schmollerstr. 9, D-12435 Berlin, ✆ 030/6127289, Fax: 030/6127289, peter-krueger@gmx.net, www.skate-holiday.de.

Zu diesem Buch

Dieser *skateline*-Guide enthält alle Informationen, die Sie für Ihre Skatetouren auf den Rad- und Skatewegen von FLAEMING-SKATE benötigen: exakte Karten, eine detaillierte Wegbeschreibung, Stadt- und Ortspläne, die wichtigsten Informationen zu Sehenswürdigkeiten und Übernachtungsmöglichkeiten.

Und das alles mit der ***skateline*-Garantie**: jeder Meter in unseren Büchern ist von einem unserer Redakteure vor Ort auf seine Skatertauglichkeit geprüft worden!

Das Konzept

Dieser *skateline*-Guide beinhaltet 6 Touren. Der knapp 100 Kilometer lange Rundkurs von FLAEMING-SKATE ist in fünf Etappen aufgeteilt und mit „große Flaeming-Runde“ betitelt. Alle Touren und die einzelnen Etappen können als Einzeltouren gefahren oder miteinander zu sehr individuellen Skateausflügen unterschiedlicher Länge kombiniert werden.

Die Touren sind nach ihrem Schwierigkeitsgrad farblich gekennzeichnet: leichte Touren haben die Leitfarbe blau, mittelschwere Touren sind rot und schwere Touren schwarz gekennzeichnet. Die Streckencharakteristik zu Beginn jeder Tour gibt einen guten und schnellen Überblick über die Eigenschaften wie Länge, Start- und Zielort, An- und Rückfahrtsinformationen, Wegequalität und Schwierigkeitsgrad.

Das Thema Fahrtechnik und Ausrüstung wird in diesem Buch nicht behandelt. Dafür gibt es eine Vielfalt an weiterführender Literatur, die Ihnen das Thema Inline-Skaten von technischer Seite her sehr ausführlich nahebringt. Der vorliegende *skateline*-InlineGuide hingegen konzentriert sich auf die ausführliche Darstellung von Skate-Touren in Karte und Text.

Die Karten

Einen Überblick über die geographische Lage des Niederen Fläming und Baruther Urstromtal gibt Ihnen die Übersichtskarte auf der vorderen inneren Umschlagseite. Hier sind die einzelnen Touren eingetragen, die dann in den Detailkarten im Maßstab 1 : 35.000 (1 Zentimeter = 350 Meter) genauestens kartographisch anschaulich dargestellt werden. Zusätzlich zum genauen Streckenverlauf informieren die Karten auch über die Beschaffenheit des Bodenbelages (Qualtität des Asphaltes), Steigungen (stark oder schwach), Entfernungen sowie über kulturelle und touristische Einrichtungen entlang der Strecke.

Die genaue Bedeutung der einzelnen Symbole wird in der Kartenlegende auf Seite 4 erläutert.

Der Text

Der Textteil besteht im Wesentlichen aus der genauen Wegbeschreibung. Der fortlaufende Text beschreibt die empfohlene Hauptroute. Diese stichwortartigen Streckeninformationen werden, zum leichteren Auffinden, von dem Zeichen ~ begleitet.

Ferner sind alle wichtigen Orte zur besseren Orientierung aus dem Text hervorgehoben. Gibt es interessante Sehenswürdigkeiten in einem Ort, so finden Sie unter dem Ortsbalken die jeweiligen Adressen, Telefonnummern und Öffnungszeiten. In Großstädten bieten wir Ihnen eine Auswahl der wichtigsten Sehenswürdigkeiten an.

Große Flaeming-Runde 1

Der zirka 100 Kilometer lange Rundkurs, die große Flaeming-Runde zwischen Luckenwalde, Petkus, Wiepersdorf und Jüterbog, ist das Herzstück von FLAEMING-SKATE. Er führt durch die abwechslungsreiche Landschaft des Niederen Flämings und des Baruther Urstromtals und verbindet interessante Sehenswürdigkeiten und zahlreiche Erholungsmöglichkeiten miteinander.

Die große Flaeming-Runde ist in 5 Etappen eingeteilt.

Länge: 21,5 km

Start: Luckenwalde, Parkplatz am Luckywood-BMX-Trails

Ziel: Petkus

Wegequaltiät: Kategorie sehr gut. Der Rundkurs verläuft auf einer 2 bis 3 Meter breiten Asphaltstrecke mit sehr guter Oberfläche.

Verkehr: Die erste Etappe verläuft teils abseits, teils parallel zur Landstraße.

Schwierigkeit: Zwischen Ließen und Petkus gibt es eine starke Steigung bzw. aus der Gegenrichtung kommend eine gefährliche Gefällestrecke, die nicht für ungeübte Skater geeignet ist. Besondere Vorsicht gilt auch in Ließen zwischen Hauptstraße-Haus Hoher Golm und Hauptstraße. Hier ist es ebenfalls sehr steil und der Rad- und Skaterweg endet an der Hauptstraße. Vorbildlich ist die Fußgängerampel in Jänickendorf.

Tipp: Anreise mit der RE4 Rostock – Elsterwerda oder mit Interconnex.

Als Start- & Zielpunkt kann jeder Ort entlang der großen Flaeming-Runde beliebig gewählt werden. Tipps zu den Anreisemöglichkeiten mit PKW oder Bahn und zur Nutzung des Shuttle- und Rufbus-Service finden Sie in der Einleitung.

Luckenwalde – Marktplatz

Luckenwalde

PLZ: 14943; Vorwahl: 03371

- **Tourismusverband Teltow-Fläming e.V.**, Zinnaer Straße 34, ✆ 6435-50,-51
- **Stadtinformation**, Markt 12a, ✆ 632112
- **Kreisheimatmuseum**, Markt 11, ✆ 611359
- **Industriemuseum**, Rudolf-Breitscheid-Str. 33, ✆ 622173
- **Kunsthalle im Vierseithof**, Am Herrenhaus 1, ✆ 6268-0

od. -85

- **Stadttheaterr Luckenwalde**, Kontakt: Stadtinformation.
- **Architektur der Reform- und Bauhausarchitektur:** Siedlung „Am Anger" (1920), Treuenbrietzener Straße (1921), Hutfabrik Steinberg (1923), Stadtbad (1928), „Volksheimsiedlung" (1928-31), Stadttheater und Schule (1928-30).
- Vom **Marktturm** in der **historischen Altstadt** erwartet Sie ein herrlicher Ausblick über die Stadt.
- Infos zu historischen **Stadtrundgängen** erhalten Sie beim Tourismusverband oder der Stadtinformation.
- **Luckywood-BMX-Trails**, Teichwiesenweg, Kontakt: Sportamt Luckenwalde, ✆ 672286#80 od. unter www.luckenwalde.de. 64 Sprunghügel und Table in allen Variationen warten auf begeisterte Schrauben-, Salto- und Sprünge-Künstler.
- **Hochseilgarten**, Teichwiesenweg.
- **Tierpark**, Neue Parkstr. 95, ✆ 610373, ÖZ: April-Okt., Mo-So 7-18 Uhr, Nov.-März, Mo-So 7-16 Uhr.
- **Stadtpark**
- **Fläming Therme**, Weinberge 40, ✆ 4002-0, ÖZ: tägl. 10-22 Uhr.
- **Freibad Elsthal**, Zum Freibad, ✆ 615131
- **Der Sportladen**, Käthe Kollwitz Str. 70, ✆ 611306, Verkauf, Reparatur
- **SPORT 2000 Weier**, Breite Str. 8/9, ✆ 611030, Verleih
- **Volkshochschule Teltow-Fläming**, Am Nuthefließ 2, ✆ 6080, Kurse auf Anfrage
- **Hotel Märkischer Hof**, Poststr. 8, ✆ 6040, Verleih nur für Gäste, Kurse auf Anfrage
- **Hotel Vierseithof**, Haag 20, ✆ 62680, Verleih

Tipp: Als Startpunkt haben wir den Parkplatz am Luckywood-BMX-Trails südlich von

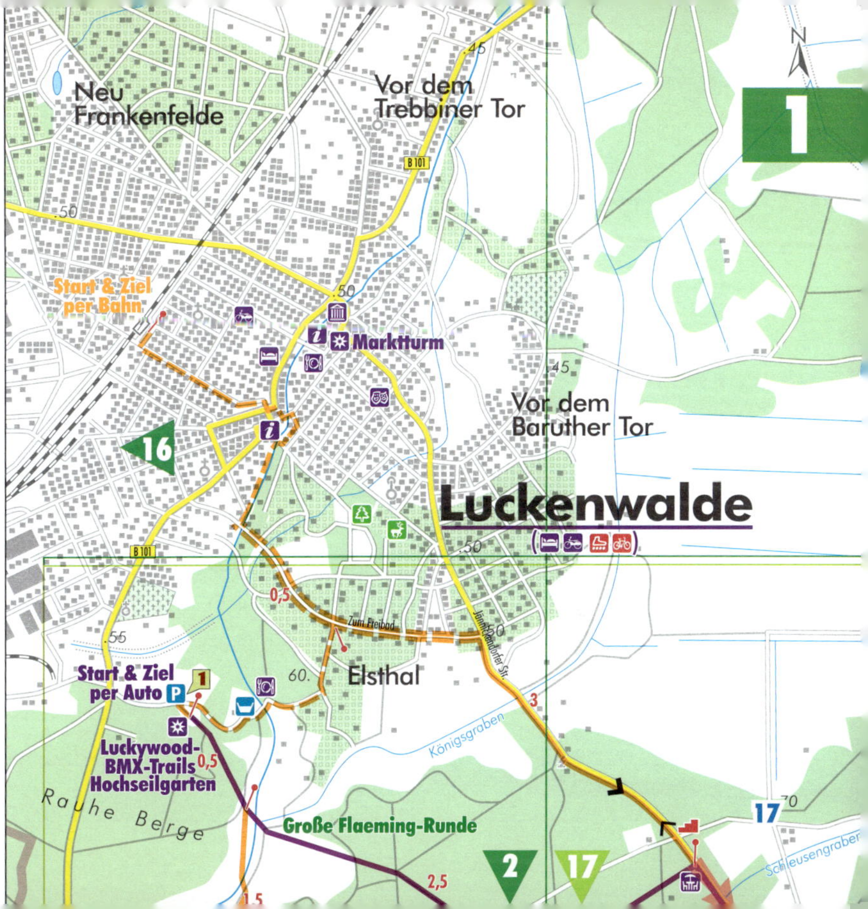

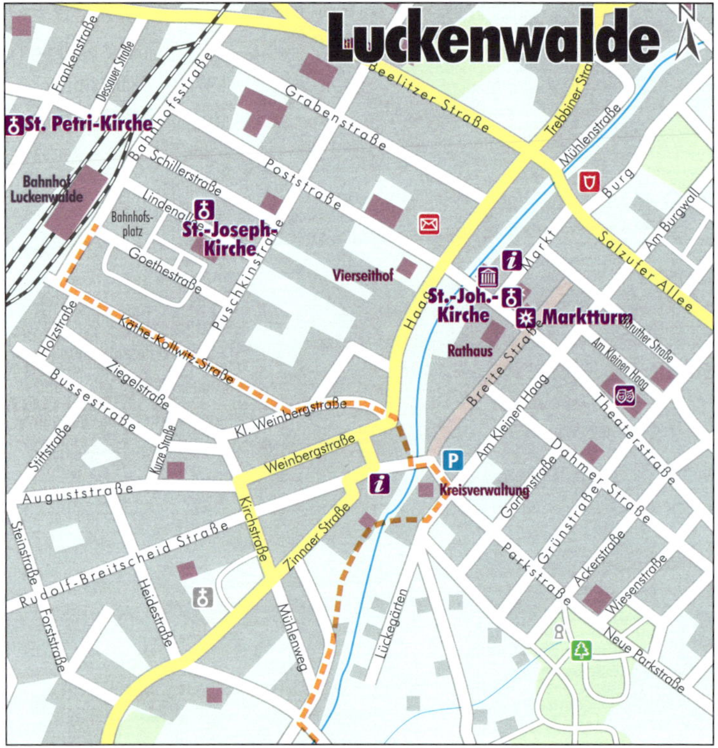

Luckenwalde gewählt. Derzeit ist nämlich eine skaterfreundliche Anbindung vom Bahnhof Luckenwalde zu den Rad- und Skatewegen FLAEMING-SKATE erst in Planung. Für alle, die mit der Bahn nach Luckenwalde anreisen, gibt es dennoch eine Alternativstrecke, die im Folgenden beschrieben ist.

Luckenwalde – Turmfest

Anfahrt vom Bahnhof

Am **Bahnhofsvorplatz** wenden Sie sich nach rechts in die **Bahnhofstraße** ⤳ links in die **Käthe-Kollwitz-Straße** ⤳ links in die **Kleine Weinbergstr**aße ⤳ über die Straße **Haag** in den Rad- und Fußweg entlang der Nuthe ⤳ nach links über die Brücke ⤳ ein Stück auf der **Parkstraße** ⤳ rechts in die Straße **Lückegärten** ⤳ am Kreishaus rechts in den Fußweg über die Nuthe ⤳ links halten ⤳ geradeaus am Parkhaus vorbei ⤳ geradeaus in den **Mühlenweg**

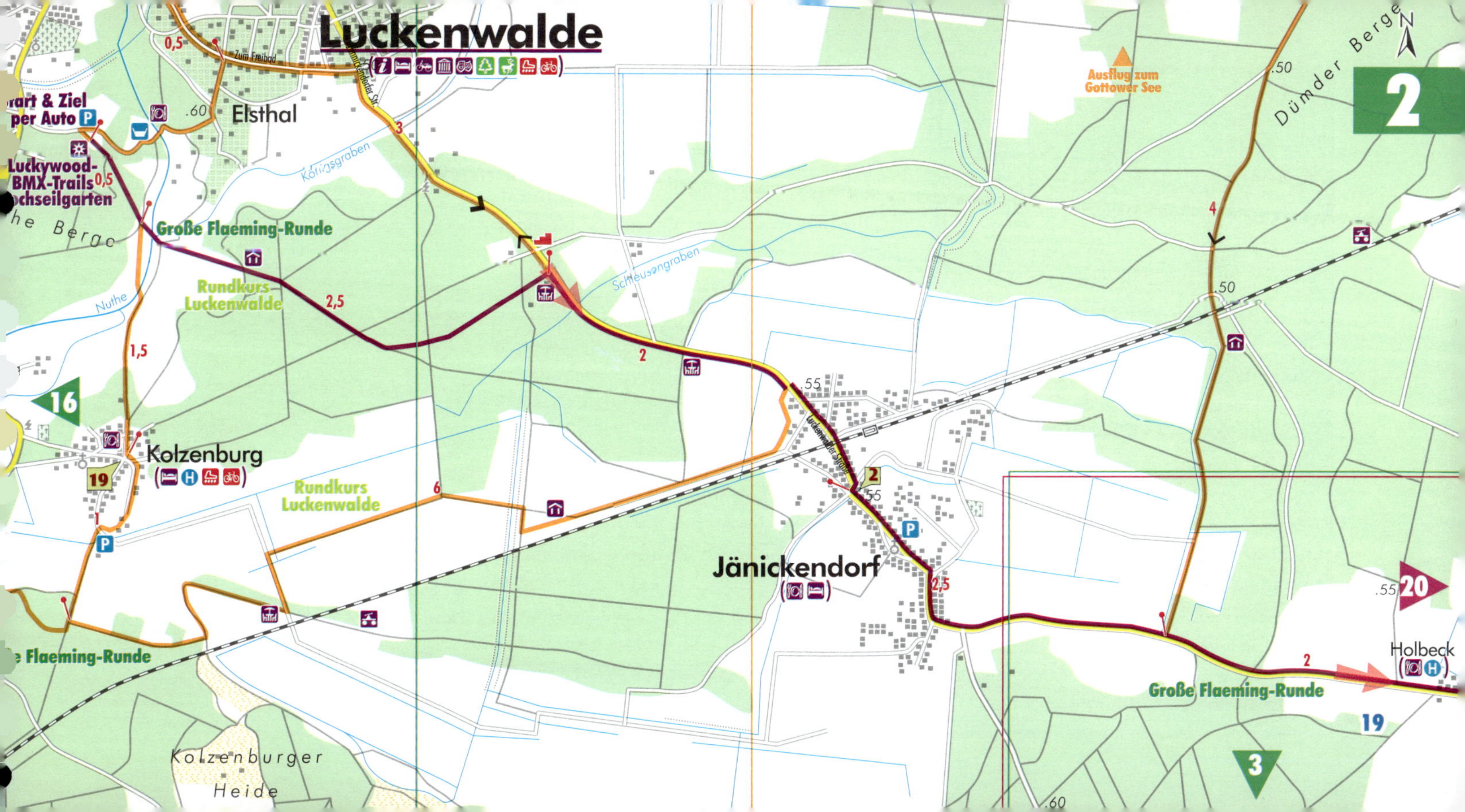

Luckenwalde
Zum Freibad
Elsthal
Start & Ziel
per Auto
Luckywood-
BMX-Trails
Hochseilgarten
Große Flaeming-Runde
Rundkurs
Luckenwalde
Kolzenburg
Rundkurs
Luckenwalde
Flaeming-Runde
Kolzenburger
Heide
Nuthe
Königsgraben
Schleusengraben
Jänickendorf
Luckenwalder Straße
Ausflug zum
Gottower See
Dümder Berge
Holbeck
Große Flaeming-Runde
2
16
19
20
3

Holbekcer See

~ links in die Straße **Zum Freibad** ~ rechts in den **Färberweg** ~ am Freibad vorbei bis zum Parkplatz am BMX-Trails.

1 Luckenwalde–Luckywood-BMX-Trails 0 km

Für die Hauptroute geht es vom Parkplatz am Luckywood-BMX-Trails vorbei bis zur Kreuzung vor der Nuthe ~ geradeaus bis zur **Jänickendorfer Straße** ~ rechts bis nach Jänickendorf.

2 Jänickendorf 5 km

Im Ort wechseln Sie auf die andere Straßenseite ~ entlang der **Luckenwalder Straße** durch den Ort hindurch.

Tipp: Kurz hinter Jänickendorf zweigt eine Fahrradstraße zum Gottower See ab, der sich für einen Badeausflug anbietet (s. Karte Ausflug zum Gottower See).

Auf der straßenbegleitenden Fahrradstraße geht es immer geradeaus bis nach Holbeck.

3 Holbeck 9,5 km

Tipp: Von Holbeck können Sie einen Ausflug nach Baruth/Mark und weiter in das Museumsdorf Glashütte machen. Lesen Sie hierzu weiter unter Ausflug nach Glashütte auf Seite 59.

Sie fahren am Weiher vorbei ~ vor dem **Holbecker See** rechts in den **Seeweg** ~ durch den Wald bis zur T-Kreuzung ~ rechts in die **Ließener Straße** ~ parallel zur Hauptstraße bis zum Ortseingang von Ließen ~ nach rechts über die Hauptstraße ⚠ dieses Wegstück ist kurvig und zur Hauptstraße hin gibt es ein stärkeres Gefälle.

Sie überqueren die Hauptstraße bei der

Schutzhütte am Holbecker See

Feuerwehr geradeaus ~ am Dorfrand entlang bis zur Schutzhütte.

4 Ließen 18 km

PLZ: ; Vorwahl: 033745

- **Antiqiutätenhof**, Dorfstr. 5, ✆ 50272, ÖZ: Fr-So 13-19 Uhr. Vom gewachsten Bauernschrank bis zur Biedermeierkommode und antiken Landhausmöbeln reicht der Ausstellungsverkauf.
- **Freibad**
- **Gaststätte „Zum kühlen Grunde“**, Dorfstr. 7, ✆ 50222, Verleih für Gäste, Kurse auf Anfrage
- **Herberge Hoher Golm**, Dorfstr. 15, ✆ 50310, Verleih für Gäste, Kurse auf Anfrage

Ausflug zum Gottower See

3
2
Ausflug zum Gottower See
Baruther Urstromtal
Holbeck
Große Flaeming-Runde
Von Holbeck nach Glashütte
Holbecker See
Seeweg
Schloss Stülpe
Stülpe
Kirche Stülpe
Liebener Straße
Finkenberge
70
20
22
4
Große Flaeming-Runde
4,5
2,5
55
60
65
75
50

20
3
4
75
4,5
100
erg
Golmberg
180
160
80
90
Große Flaeming-Runde
90
150
130
110
115
1,5
4
120
Antiquitätenhof
Ließen
115
150
Liessener Heide
135
2
135
B 115
Keramikstube
5
5
23
Petkus
1,5
B 115
120
120

Landschaft bei Holbeck

Von der Schutzhütte in Ließen wenden Sie sich bergauf Richtung Petkus ⚠ es geht steil bergauf ~ Sie fahren bis Pettkus ~ nach der Rechtskurve am Ortseingang fahren Sie links, geradeaus geht es in den Ort hinein.

5 Petkus 20 km

PLZ: 14913; Vorwahl: 033745

Gutshaus Petkus

Die **Alte Schule** und die **Küsterei** wurden liebevoll restauriert und stehen unter Denkmalschutz.

Keramik und Teestube Petkus, Hauptstraße 18, ✆ 50029. Hier finden Kurse unter dem Motto „mit Naturmaterialien kreativ sein" statt. Die Sinne werden im „Grünen Klassenzimmer" geweckt.

Friedensmühle Petkus, Infos zu Mühlentage und Besichtigung bei Hr. H. Behrendt, Hauptstraße 25, ✆ 50201

Freizeit- und Jugendgästehaus Gutshaus Petkus, Merzdorfer Str. 1, ✆ 70870, Verleih

Petkus liegt am Rande der Ließener und Petkuser Heide fast auf dem höchsten Punkt des Niederen Fläming. Rund 140 Höhenmeter werden hier gemessen. Egal in welche Richtung man den Ort auf dem Rad- und Skateweg verlässt – man kommt ganz schön in Fahrt.

Am Ortsrand Richtung Wahlsdorf steht die Friedensmühle Petkus. An dieser Stelle stand laut Dorfchronik bereits 1542 eine Mühle. Die heutige Mühle geht auf den Bau einer Bockwindmühle aus dem Jahr 1837 zurück. Diese wurde 1929 mit einem Motor ausgestattet und 1950 zu einer Paltrockwindmühle umgebaut. Vom Ende des Zweiten Weltkrieges bis 1977 war die Mühle im Besitz einer LPG. Bis zur Stilllegung Ende der 1970er Jahre wurde in der Mühle Getreide zu Mischfutter vermahlen.

Abfahrt zwischen Ließen und Petkus

Seit 1990 befindet sie sich wieder im Besitz der Familie Behrendt, der die Mühle schon von 1927 bis zur Enteignung nach dem Zweiten Weltkrieg gehörte. Seit der Rekonstruktion im Jahr 1991 wird wieder Getreide zu hochwertigen Produkten verarbeitet. Die Friedensmühle, die ihren Namen seit 1950 trägt, zählt zu den schönsten Mühlen des Fläming.

15, 5 km

schwer

Diese rund 15 Kilometer lange Tour ist sehr abwechslungsreich und bietet Skatern aller Könnerniveaus verschiedene Schwierigkeitsgrade. Vor allen Dingen die geübten Skater kommen im sogenannten „Skaterdreieck Ließen – Petkus – Wahlsdorf" auf Ihre Kosten.

Entlang der Strecke gibt es einiges zu entdecken. Der Antiquitätenhof in Ließen öffnet seine Tore an den Wochenenden und in Petkus und Wahlsdorf können Sie mit Naturmaterialien kreativ sein oder in einem „Grünen Klassenzimmer" die Natur mit allen Sinnen erfahren. Sehenswert ist die Friedensmühle in Petkus, die zu den schönsten des Flämings zählt.

Länge: **15,5 km**

Start: **Petkus**

Ziel: **Hohenseefeld**

Wegequalität: **Gesamtkategorie sehr gut. Der Weg ist durchgängig 3 Meter breit und mit einem glatten Asphalt versehen.**

Verkehr: **Die Tour verläuft ausschließlich auf dem Rad- und Skateweg.**

Schwierigkeit: **Es gibt einige stärkere Gefällestrecken und Steigungen zwischen den Orten Ließen – Petkus – Wahlsdorf. Diese sind absolut nichts für Anfänger!**

Tipp: **Das „Skaterdreieck" können Anfänger mit dem Rufbus umfahren.**

Infotafel „Skater-Dreieck"

5 Petkus 20 km s. S. 24

Der Weg führt Sie in mehreren Bögen um verschiedene Gebäude herum ⇝ an der Querstraße geradeaus weiter ⇝ Verlängerung **Wieper Straße** ⇝ an der Feuerwehr und den alten Speichergebäuden vorbei ⇝ an der T-Kreuzung rechts ⇝ gleich wieder links ⇝ nach der Rechtskurve wenden Sie sich an der T-Kreuzung nach links ⇝ an der Friedensmühle vorbei führt Sie die Straße nach Wahlsdorf ⇝ ⚠ die Strecke nach Wahlsdorf ist steil und sehr kurvig.

5
B 115
Petkus
Keramikstube
Wiener Straße
Friedensmühle
1,5
3,5
2,5
2
4
6
Lochow
Liepe
Weinberg
Große Flaeming-Runde
Wahlsdorfer Heide
Petkuser Heide
Liessener Heide
Wahlsdorf
Kreativbude
Hauptstraße
Niebendorf-Heinsdorf
26
7

Niebendorf-Heinsdorf
Niebendorf
Heinsdorf
Waltersdorf
Illmersdorfer Holz
Große Flaeming-Runde
115
110
115
105
110
110
110
90
90
110
100
2,5
3
5
6
7
7
8
27

FLAEMING-SKATE Infotafel beim Gutshaus Petkus

6 Wahlsdorf 25 km

PLZ: 14913; Vorwahl: 033745

Tourist-Information Dahme, Töpferstr. 17, ✆ 035451/91555

Heimatmuseum

Feldsteinkirche (13.Jh.), der neugotische Turm wurde im 19. Jh. angebaut.

Kreativbude, Schulstr. 3, ✆ 50296, ÖZ: Mo-So, „Kreatives Gestalten mit und in der Natur" heißt auch in Wahlsdorf das Motto. Hier können Sie altes Handwerk erlernen: Weben, Filzen, Spinnen, Siebdruck und Batik. Die Kreativbude veranstaltet jährlich Ende Mai/Anfang Juni ein Spinn- und Filzfest

Freibad, ✆ 035451/98133

An der Gabelung am Ortseingang schräg rechts ~ auf dem ausgeschilderten Rad- und Skaterweg geht es am Ortsrand entlang ~ vorbei am Freibad ~ kurz vor der Durchgangstraße rechts in die Stichstraße Hauptstraße 2-3a ~ es geht weiter auf dem Rad- und Fußweg bis nach Niebendorf-Heinsdorf.

7 Niebendorf-Heinsdorf 29 km

Tourist-Information Dahme, Töpferstr. 17, ✆ 035451/91555

Feldsteinkirche (13.Jh.), Ortsteil Niebendorf. Die 300-jährige Glocke ist die Besonderheit der Kirche.

Beide Orte sind **sehenswerte Angerdörfer**, in denen die alten Gutsgebäude rund um die Dorfteiche das Ortsbild prägen.

Schafstall, Ortsteil Niebendorf. Das Gebäude des ehem. Gutes ist mit seinen zwei Schafskulpturen aus Sandstein das Wahrzeichen des Ortes.

Gutspark Heinsdorf. Der Park ist mit seiner Freilichtbühne ein schöner Ort für kulturelle Veranstaltungen.

Vor dem Ort führt der Weg nach rechts ~ es geht am Ortsrand entlang ~ auf dem **Gartenweg** gelangen Sie zur **Nieben-**

dorfer Straße ~ weiter geradeaus ~ in einem Rechtsbogen parallel zum **Hohenseefelder Weg** ~ 400 Meter entlang der Straße ~ dann rechts ~ an der Kreuzung links ~ immer geradeaus bis zur B 102 in Hohenseefeld.

8 Hohenseefeld 35,5 km

Tipp: Von Hohenseefeld können Sie einen Ausflug über Dahme zur Wassermühle nach Wildau-Wentdorf unternehmen.

Friedensmühle Petkus

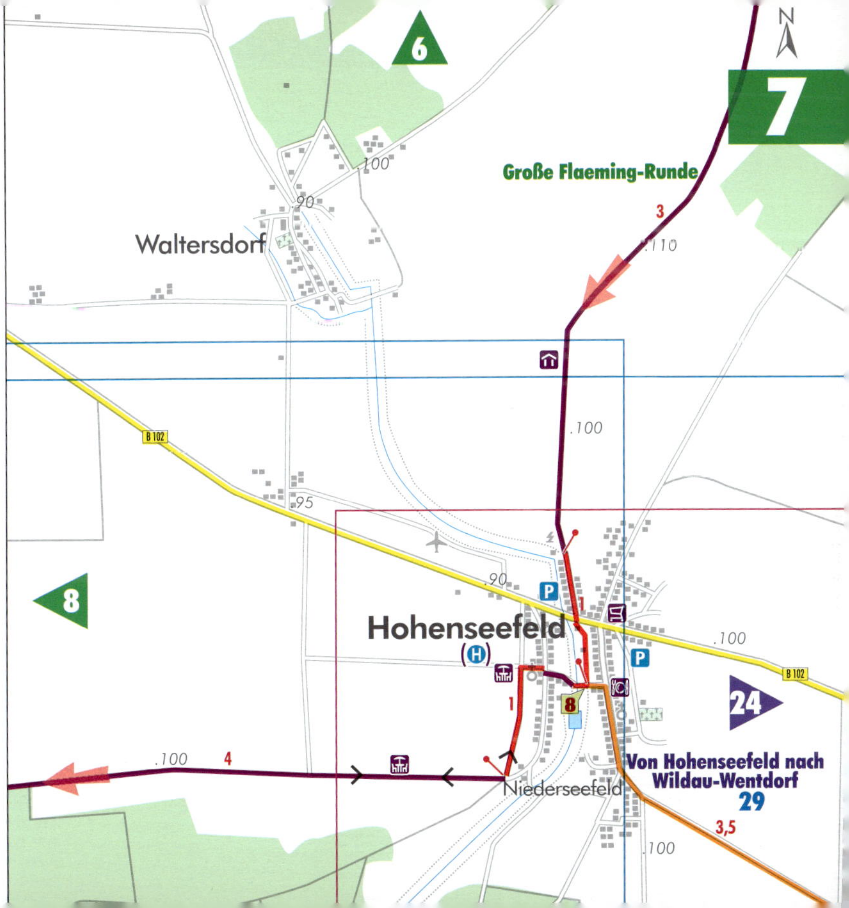

Die dritte Etappe führt Sie zunächst bei Wiepersdorf durch das ehemalige „Ländeken Bärwalde". Diese Bezeichnung stammt noch aus dem 12. Jahrhundert, als Wiepersdorf mit weiteren Dörfern als Lehen an den Edlen von Slautitz, den Eroberer der wendischen Burg in Bärwalde, ging. Einen Besuch des Schlosses und des schönen Parks Wiepersdorf sollten Sie sich nicht entgehen lassen. Wer nicht nur in der Natur die Seele baumeln lassen möchte, hat auch bei einer der zahlreichen literarischen und musikalischen Veranstaltungen die Gelegenheit dazu. Weiter geht es durch den Niederen Fläming und mit einem Sprung ins kalte Nass im Freibad Oehna können Sie die Etappe beenden.

Länge: 21 km

Start: Hohenseefeld, Parkplatz

Ziel: Oehna, Bahnhof

Wegequalität: Gesamtkategorie gut bis sehr gut. Der Weg ist 3 Meter breit und mit einem glatten Asphalt versehen.

Verkehr: Die Etappe verläuft immer auf der Fahrradstraße, die nur in wenigen Ortslagen für den Anliegerverkehr frei gegeben ist.

Schwierigkeit: Es gibt eine Gefällestrecke kurz vor Langenlipsdorf und eine Steigung zwischen Langenlipsdorf und dem Freibad Oehna. Ansonsten ist die Strecke auch für Anfänger geeignet.

8 Hohenseefeld 35,5 km

An der B 102 geradeaus an der Freiwilligen Feuerwehr und der Bankfiliale vorbei in die Fahrradstraße ~ dann nach rechts in die Straße, die für den Kraftverkehr gesperrt ist ~ an der Querstraße geradeaus in die Fahrradstraße, Anlieger frei ~ dann links halten ~ entlang des Ortsrandes an der

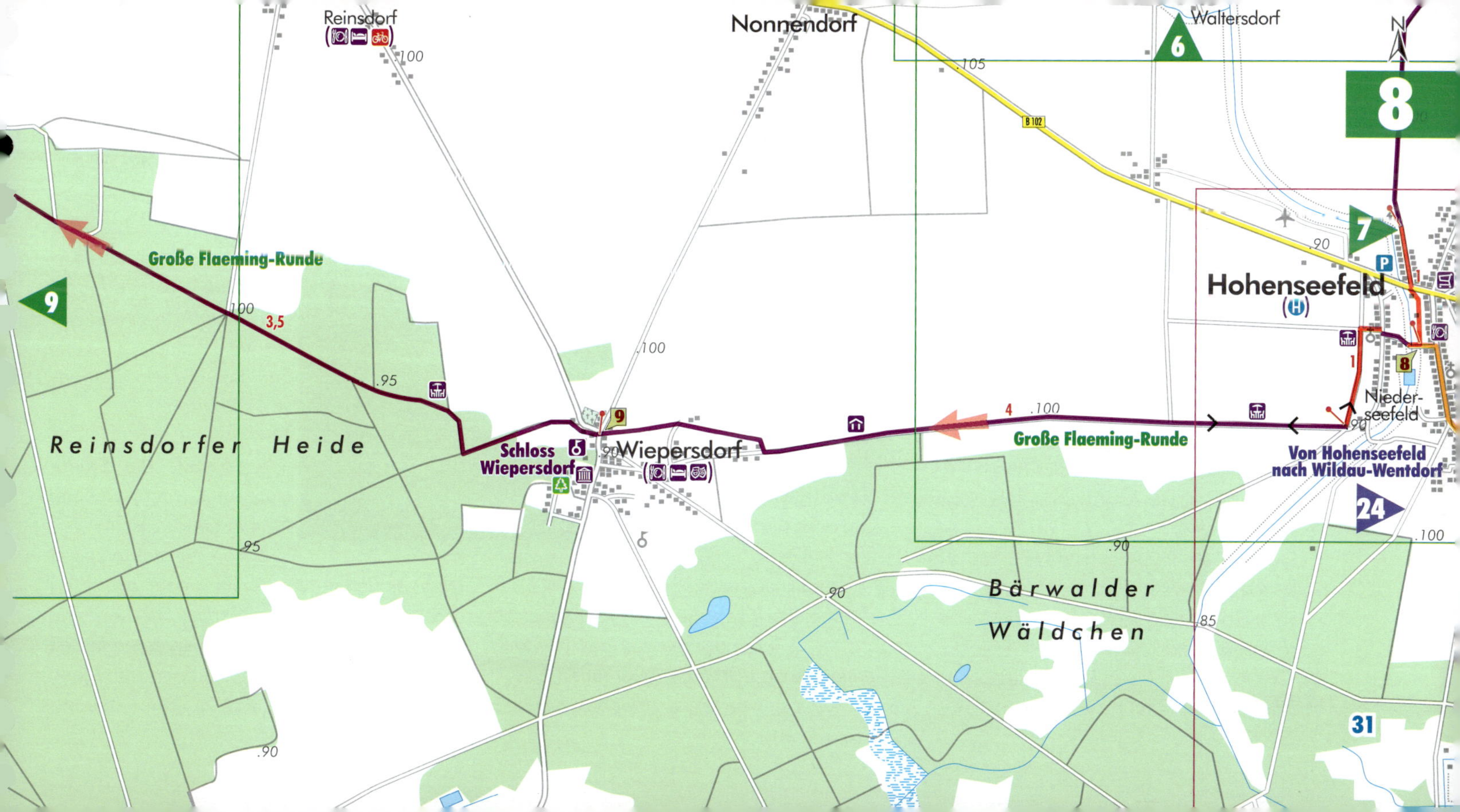
Reinsdorf
Nonnendorf
Waltersdorf
6
8
B 102
.100
.105
Große Flaeming-Runde
9
3,5
.95
7
.90
P
Hohenseefeld
Reinsdorfer Heide
Schloss Wiepersdorf
9
Wiepersdorf
4
Große Flaeming-Runde
Nieder-
seefeld
Von Hohenseefeld
nach Wildau-Wentdorf
24
95
Bärwalder Wäldchen
90
.85

Kirche vorbei ⤳ an der T-Kreuzung rechts ⤳ auf der Fahrradstraße bis zum Ortseingang von Wiepersdorf ⤳ nach rechts in die Fahrradstraße ⤳ Sie fahren nördliche des Dorfes weiter bis zur querenden Hauptstraße, links geht es zum Schloss Wiepersdorf.

Tipp: Von Hohenseefeld können Sie einen Ausflug nach Dahme und weiter nach Wildau-Wentdorf unternehmen. Lesen Sie hierzu weiter unter Ausflug Wildau-Wentdorf auf Seite 68.

9 Wiepersdorf 40,5 km

PLZ: 14913; Vorwahl: 033746

Stadtinformation Jüterbog, Markt 21, ✆ 463113

Bettina und Achim von Arnim Museum, Schloss Wiepersdorf, Bettina-von-Arnim-Str. 13, ✆ 699-0, Führungen: Sa, So 14-16.30 Uhr . Die Ausstellung dokumentiert das Leben und Werk des Dichterpaares Bettina und Achim von Arnim. Eine weitere Ausstellung gibt Auskunft über die Geschichte des Gutes Wiepersdorf.

Künslerhaus Schloss Wiepersdorf. Das Künstlerhaus der Stiftung Kulturfonds bietet unter diesem Namen seit 1992 Schriftstellern, bildenden Künstlern, Komponisten, Wissenschaftlern und Publizisten aus dem In- und Ausland Arbeitsmöglichkeiten und Stipendienaufenthalte. Das Künstlerhaus ist Veranstaltungsort für Lesungen, Vorträge, Konzerte und Ausstellungen. Hier finden die „Wiepersdorfer Konzerte" für alte und neue Musik und die „Wiepersdorfer Gespräche" zu Kunst, Kultur und Wissenschaft statt.

Auf dem **Schlossfriedhof** befinden sich die Gräber des Dichterpaares Bettina von Arnim (1785-1859) und Ludwig Achim von Arnim (1781-1831).

Schlosspark Wiepersdorf

Schloss Wiepersdorf

Wiepersdorf liegt sehr idyllisch und abgeschieden im südlichen Teil des Niederen Fläming. Rund 200 Einwohner leben hier.

Bekannt geworden ist Wiepersdorf durch das Dichterehepaar Bettina und Achim von Arnim.

Im Jahre 1814 bezieht das Paar Gut Wiepersdorf, das sich seit 1780 im Besitz der Familie Arnim befindet. In den folgenden Jahren ist das Gutshaus Treffpunkt des Gesprächskreises der beiden Dichter, zu dem Bettinas Bruder Clemens von Brentano und der Schwager Friedrich Carl von Savigny, die Brüder Humboldt und Wilhelm Grimm gehörten.

Schon drei Jahre später zieht es Bettina von Arnim wieder zurück ins gesellschaftliche Leben Berlins. Hier setzte sie sich für Arme und politisch Verfolgte ein und betätigte sich als Herausgeberin. Ihr Mann blieb bis zu seinem Tod im Jahr 1831 als

9
10
8
Höfgen
Gräfendorf
Welsickendorf
Körbitz
B 101
Große Flaeming-Runde
Gräfendorfer Heide
Welsickendorfer Heide
Reinsdorfer Heide
33
2,5
4
3,5
.100
.95
.90
.85

Dichter und Gutsherr auf Gut Wiepersdorf.

Das Gutshaus entstand 1734 und wurde Ende des 19. Jahrhunderts vom Enkel des Dichterpaares, dem Maler Achim von Arnim, in ein Barockschloss umgebaut und um eine Orangerie erweitert. Umgeben ist das Schloss von einem wunderschönen Park.

FLAEMING-SKATE – Langenlipsdorf

Am Ende des 2. Weltkrieges wird die Familie Arnim enteignet. Das Haus wird von der „Deutschen Dichterstiftung" übernommen und damit „Arbeits- und Erholungsstätte für Schriftsteller und Künstler". Später wird der Kulturfonds der DDR Träger des Hauses und übernimmt die bisherigen Aufgaben. Nach der Wende geht Schloss Wiepersdorf in das Eigentum des Rechtsnachfolgers Stiftung Kulturfonds über und wird unter dem neuen Namen „Künstlerhaus Schloss Wiepersdorf" wiedereröffnet.

Sie fahren an der Querstraße geradeaus ~ in die Fahrradstraße ~ nun geht es ins 7,5 Kilometer entfernte Welsickendorf durch den Wald.

10 Welsickendorf 48 km

Sie fahren an der Vorfahrtstraße geradeaus ~ am Ortsrand entlang ~ am Ortsende links auf den straßenbegleitenden Rad- und Fußweg ~ Sie fahren nach Körbitz.

Körbitz

Vor dem Ort wechseln Sie die Straßenseite und fahren um den Ort herum ~ an der Querstraße rechts Richtung Langenlipsdorf.

An der kleineren Wegkreuzung vor dem Ort biegen Sie nach rechts ab ~ nächste Straße links ~ über die Durchgangsstraße von Lipsdorf geradeaus ~ in einem links-rechts-links-Schwenk am Ortsrand entlang bis zu einer größeren Kreuzung.

11 Langenlipsdorf 52,5 km

An der Kreuzung biegen Sie rechts ab ~ nach dem Rastplatz nach links über die Landstraße ~ geradeaus ~ Sie verlassen die Fahrradstraße am Parkplatz des Freibades Oehna ~ geradeaus ~ nächste Straße links ~ Sie kommen zum Bahnhof von Oehna.

12 Oehna 56,5 km

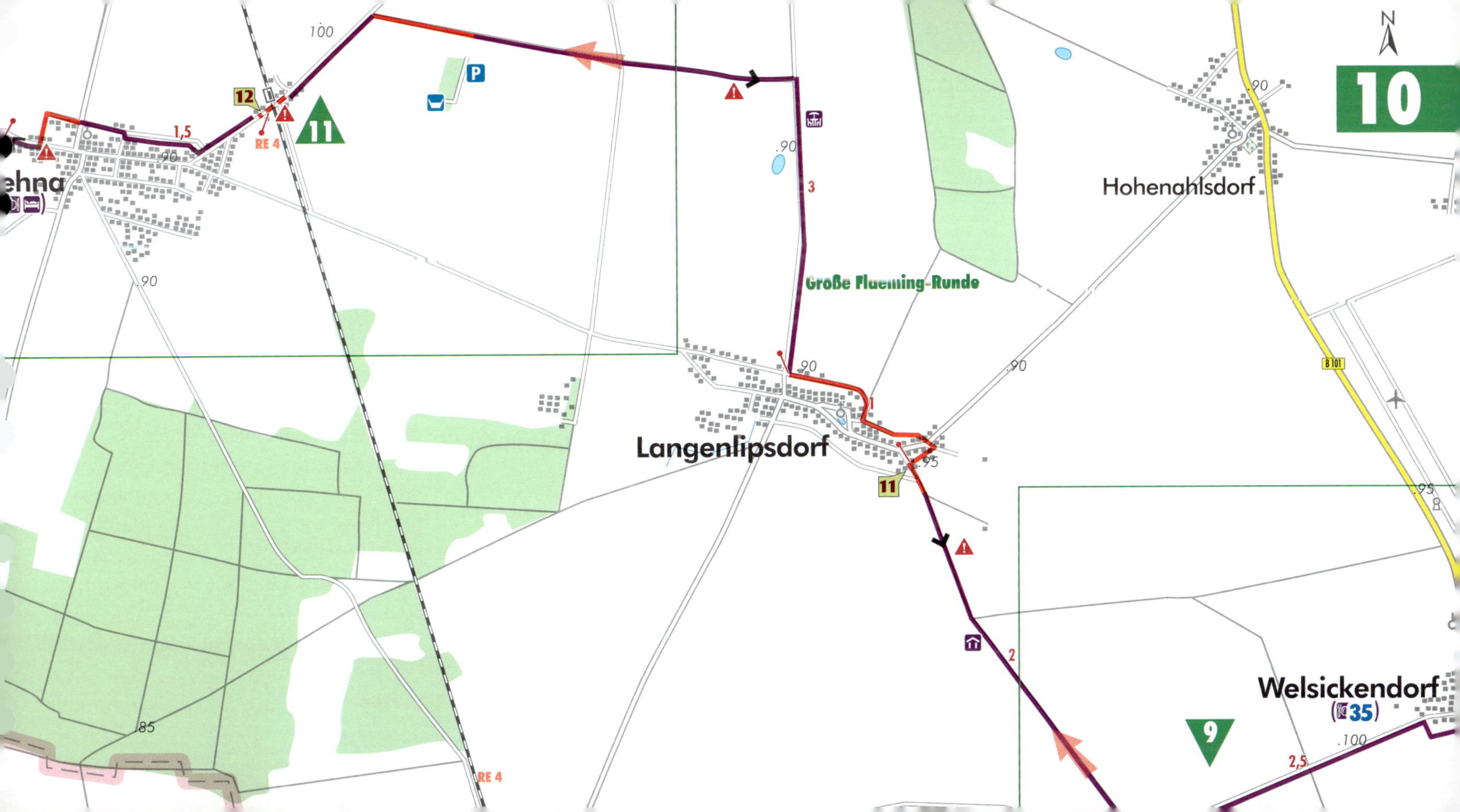
10
N
ehna
Hohenahlsdorf
Langenlipsdorf
Welsickendorf
(35)
Große Flaeming-Runde
RE 4
RE 4
B 101
12
11
11
9
1,5
3
1
2
2,5
100
.90
.90
.90
.90
.90
.90
.95
.95
85
.100

Diese Etappe führt Sie nach Dennewitz. Im Dorfmuseum erfahren Sie einiges Interessantes über die „Befreiungskriege" gegen die französischen Truppen Anfang des 19. Jahrhunderts. Eine der wichtigsten Schlachten wurde bei Dennewitz gewonnen.

Länge: 14 km

Start: Oehna, Bahnhof

Ziel: Neues Lager

Wegequalität: Gesamtkategorie sehr gut. Der Weg ist durchgängig 2 bis 3 Meter breit und mit einem glatten Asphalt versehen.

Verkehr: Diese Etappe verläuft abseits des Verkehrs. Nur zwischen Niedergörsdorf und Neues Lager fahren Sie auf einem kurzen Stück parallel zur Landstraße.

Schwierigkeit: Es gibt eine stärkere Steigung nach der Unterführung der ICE-Strecke hinauf zur Landstraße zwischen Niedergörsdorf und Neues Lager. Ansonsten ist die Etappe auch für Anfänger gut geeignet.

Tipp: Diese Etappe lässt sich gut mit einem Abstecher von Dennewitz in die Altstadt von Jüterbog verbinden. Den Abstecher können Sie auch von Neues Lager aus machen, aber dann ist eine Gefällestrecke (6%) zu bewältigen.

Außerdem können Sie diese Etappe mit dem Rundkurs Altes Lager kombinieren oder mit einem Abstecher nach Seehausen und Nauheim verlängern. In Nauheim haben Sie Anschluss an den Radfernweg R4.

An- bzw. Abreise mit der RB33 in Altes Lager und Jüterbog, mit der RB80 in Blönsdorf, das nur einen Kilometer von Seehausen entfernt liegt.

12 Oehna 56,5 km

PLZ: 14913; Vorwahl: 033742

Touristikinformation Niedergörsdorf-Flugplatz, Kastanienallee 21, ✆ 80906

Rundflüge über den Niederen Fläming können Sie buchen am Flugplatz Oehna-Zellendorf. Infos erhalten Sie bei:

Fläming-Air, ✆ 0337/6170

Freibad, ✆ 60367

Vom Bahnhof Oehna wenden Sie sich nach rechts in den Ort ~ erste Straße rechts ~ abgesehen von einem kleinen rechts-links-Schlenker geradeaus ~ geradeaus über die Landstraße ~ im Ort an der Querstraße rechts auf den linksseitigen Rad- und Fußweg ~ bei den letzten Häusern nach links in die Fahrradstraße ~ in einem weiten Bogen geht es durch Felder ~ an der Kreuzung im Wald rechts ~ an der Querstraße links ~ an der nächsten Kreuzung rechts.

Tipp: Von dieser Kreuzung führt eine

Gölsdorf
1,5
.90
3
.95
12
Ausflug nach Seehausen
.100
0,5
Große Flaeming-Runde
3
100
4
.95
.100
Weidmannsruh
95
.85
Oehna
1,5
.90
RE 4
12
Wachtelberg
100
3
P
.90
.90
10
37
.85
N
11

schöne Fahrradstraße zur Kulturscheune in Seehausen.

Ausflug nach Seehausen 6 km

Tipp: Von Seehausen ist es nur einen Kilometer bis zum Bahnhof Blönsdorf, wo Sie Anschluss an die Linie RB80 haben.

Hierzu fahren Sie geradeaus weiter ⁓ an der folgenden Kreuzung ebenfalls geradeaus, rechts geht es nach Gölsdorf.

Gölsdorf

PLZ: 14913; Vorwahl: 033741

Touristikinformation Niedergörsdorf-Flugplatz, Kastanienallee 21, ✆ 80906

Bockwindmühle (1542), ÖZ: n. V., Kontakt: Touristik-Information Niedergörsdorf; Schaumüllerei, Trachtenprogramm.

FLAEMING-SKATE bei Seehausen

Es geht nun immer auf der Fahrradstraße durch die Felder ⁓ Sie überqueren die Bahnhofstraße in Seehausen ⁓ von der **Neuen Straße** links in die **Dorfstraße** bis zur **Kulturscheune** in Seehausen.

Seehausen

PLZ: 14913; Vorwahl: 033741

Touristikinformation Niedergörsdorf-Flugplatz, Kastanienallee 21, ✆ 80906

Kulturscheune & Das Kleine Museum, Dorfstr. 2, ✆ 80906. Die Kulturscheune beherbergt ein kleines Museum und einen **historischen Backofen**, der traditionell mit Reisig beheizt wird. Die Kulturscheune mit ihrer Bauernstube ist die Bühne des Trachtenvereins Fläming Seehausen.

Tipp: Eine gut asphaltierte Strecke zum Skaten befindet sich zwischen Seehausen und Nauheim.

Auf der großen Flaeming-Runde geht es an der Kreuzung rechts nach Dennewitz ⁓ nach dem Friedhof in Dennewitz links in die Fahrradstraße, rechts geht es zur Hochzeitsmühle, geradeaus zum Dorfmuseum von Dennewitz.

13 Dennewitz 65,5 km

PLZ: 14913; Vorwahl: 033741

Touristikinformation Niedergörsdorf-Flugplatz, Kastanienallee 21, ✆ 80906

Dorfmuseum, Dorfstr. 35, ✆ 80906, ÖZ: Sa, So 13-16 Uhr u. n. V. Das Museum zeigt eine ständige Ausstellung zur

Hochzeitsmühle Dennewitz

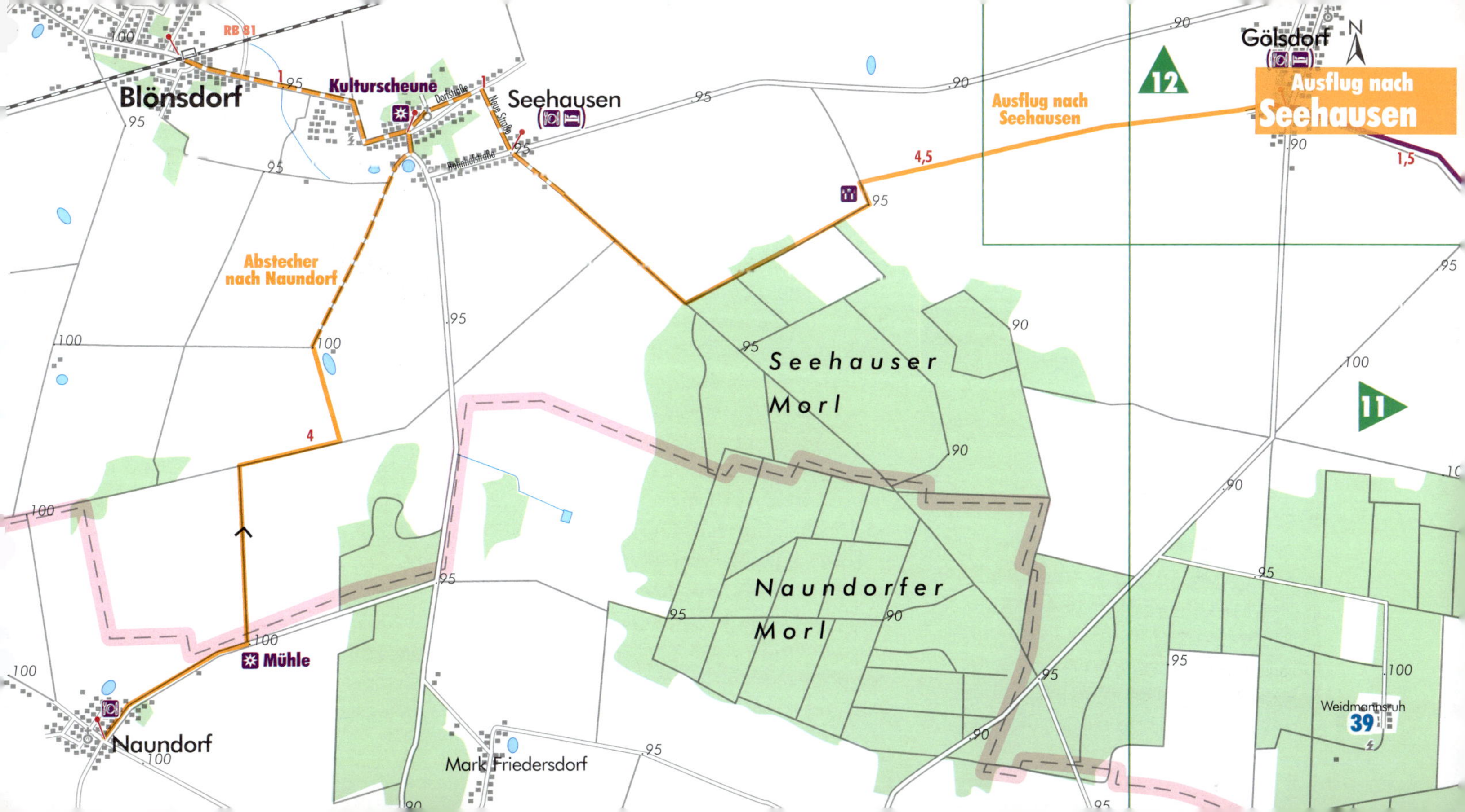

Blönsdorf
RB 81
Kulturscheune
Dorfstraße
Seehausen
Neue Straße
Bahnhofstraße
Gölsdorf
Ausflug nach Seehausen
12
Ausflug nach Seehausen
4,5
1,5
Abstecher nach Naundorf
4
1
Seehauser Morl
Naundorfer Morl
11
Mühle
Naundorf
Mark Friedersdorf
Weidmannsruh
39

Fläming-Trachten

großen Schlacht am Tage des 6. September 1813 bei Dennewitz. Mittelpunkt ist das 2 x 2 m große Diorama, das die Schlacht in Szene setzt. Im Obergeschoss befindet sich ein Trauzimmer.

- **Feldsteinkirche** (12.Jh.), ✆ 60217 (Pfarramt)
- **Hochzeitsmühle** (1998), ÖZ: n. V., Kontakt über die Touristik-Information Niedergörsdorf oder das Wirtshaus „Zum Grafen Bülow", ✆ 72030. In der Bockwindmühle befindet sich das Trauzimmer der Gemeinde Niedergörsdorf.
- Ein **Denkmal**, von Schinkel 1817 errichtet, gedenkt der Schlacht bei Dennewitz unter General Bülow.
- Infos zu **Rundfahrten** zum Thema „Schlacht bei Dennewitz – 1813" erhalten Sie im Wirtshaus „Zum Grafen Bülow", ✆ 033741/72030
- Wirtshaus „Zum Grafen Bülow", Dorfstr. 12, ✆ 72030, Verleih für Gäste; Kurse auf Anfrage

In Dennewitz fand am 6. September des Jahres1813 eine der wichtigsten Schlachten während des sogenannten Befreiungskrieges zwischen Franzosen und Preußen statt. Die preußischen Befreiungstruppen unter dem Befehl von General Bülow konnten die Franzosen zurückschlagen und so den Vorstoß der französischen Truppen auf Berlin verhindern.

In und um Dennewitz erinnern insgesamt elf Denkmäler an die Kämpfe zwischen französischen und preußischen Truppen. Alle fünf Jahre wird die Schlacht bei Dennewitz mit viel Spektakel nachgestellt (2003, 2008 u.s.w).

Tipp: Entlang von FLAEMING-SKATE gibt es mehrere Möglichkeiten in die Altstadt Jüterbogs zu gelangen. Die Strecke von Dennewitz nach Jüterbog ist die derzeit am besten ausgebaute Variante ohne stärkeres Gefälle, wie Sie es bei einem

Rathaus Jüterbog

Abstecher von Neues Lager zu bewältigen hätten (6%).

Abstecher nach Jüterbog 6,5 km

Für den Abstecher in die Jüterboger Altstadt biegen Sie an der Kreuzung in Dennewitz rechts ab ~ an der Landstraße wieder rechts ~ vor der Eisenbahnunterführung wechseln Sie die Straßenseite ⚠ Vorsicht Engstelle ~ weiter auf der Fahrradstraße ~ Sie kommen durch den Ort **Rohrbeck** ~ nach dem Freibad in Jüterbog geradeaus ~ rechts in die **Schillerstraße** ~ rechts in

12
Jüterbog
13
RB 33
RB 80
RE 4
Niedergörsdorf
Wölmsdorf
Niedergörsdorf Bahnhof
Dennewitz
Hochzeitsmühle
Abstecher nach Jüterbog
Rohrbeck
Bockwindmühle
Große Flaeming-Runde
Wachtelberg
Gölsdorf
Ausflug nach Seehausen
11
RE 4
RB 80

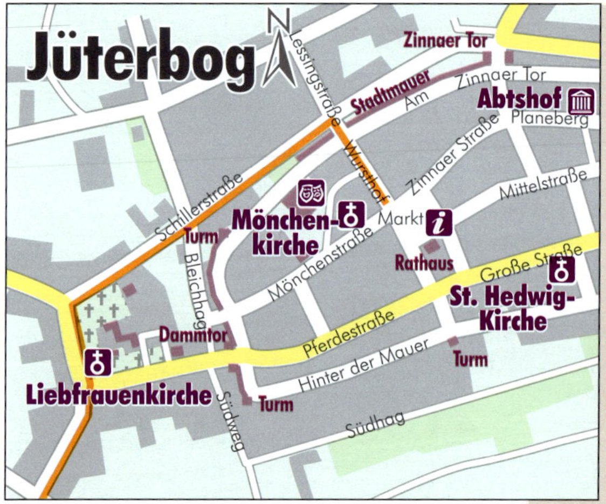

die Straße **Wursthof** bis zum **Marktplatz** von Jüterbog.

Jüterbog

PLZ: 14913; Vorwahl: 03372

Stadtinformation, Markt 21, ✆ 463113

Städtisches Museum „Abtshof", Planeberg 9, ✆ 401531, ÖZ: Di-Do, Sa, So 13-16 Uhr u. n. V., Führungen auch außerhalb dieser Zeiten. Museum für Stadt- und Regionalgeschichte des Niederen Flämings. Das Gebäude ist der ehemalige Stadthof des Klosters Zinna.

Nikolaikirche (12-14 Jh.), ✆ 432509 u. ✆ 432891, ÖZ: April-Okt., Sa, So 13-16 Uhr. Sehenswert ist der Tetzelkasten, die Fresken der Nebenkapelle und der mittelalterliche Flügelaltar.

Mönchenkirche, Mönchenkirchplatz, ✆ 463141. In der ehemaligen Franziskaner-Klosterkirche ist heute eine Bibliothek untergebracht.

Liebfrauenkirche, Damm ✆ 432812, ÖZ: April-Okt., Sa, So 14.30-16 Uhr.

Jakobikirche (um 1220), Ortsteil Neumarkt, ✆ 432509, Besichtigung: n. V. Fresken im Chor und Taufstein aus der Spätgotik, Chorgestühl (16. Jh.), Orgel (1784). Die Architektur der Kirche lässt sehr gut den Übergang von der Romanik zur Gotik erkennen.

Katholische Pfarrkirche „St. Hedwig" und Tetzelkapelle, Große Str. 86, ✆ 404327, ÖZ: April-Okt., Mo-So 8-19 Uhr, Nov.-März, Mo-So 8-17 Uhr

Theater- und Konzertstätte, Mönchkirchpl. 4, ✆ 463141

Historische Altstadt

Rathaus. In der Gerichtslaube wurde 1534 der Kaufmann Michael Kolhase in einer Vergleichsverhandlung vor Gericht gestellt.

Standbild des Hl. Mauritius. Der Hl. Mauritius ist der Schutzpatron der Stadt.

Mit der **Fläming-Bahn** geht es durch den Niederen Fläming. Infos erhalten Sie im Gasthaus Schmied zu Jüterbog, Markt 12, ✆ 404580.

Schlosspark

Freizeitbad, Am Bad, ✆ 404934, ÖZ: Mai-Sept., Mo-So 8-20 Uhr.

Sport Kuhlmey, Markt 3, ✆ 405252; Verleih, Reparatur, Kurse

Hotel Bergschlösschen, Luckenwalder Str. 17, ✆ 400030, Verleih, Kurse auf Anfrage

Hotel „Zum Goldenen Stern", Markt 14, ✆ 401476, Verleih, Kurse auf Anfrage

Zurück zur Hauptroute gelangen Sie vom Marktplatz über die Straße **Wursthof** ~ geradeaus in die **Lessingstraße** ~ Sie folgen dem Verlauf der Vorfahrtsstraße in einem Rechts-Linksbogen in die **Heffterstraße** ~ dann weiter auf der rechtsabknickenden Vor-

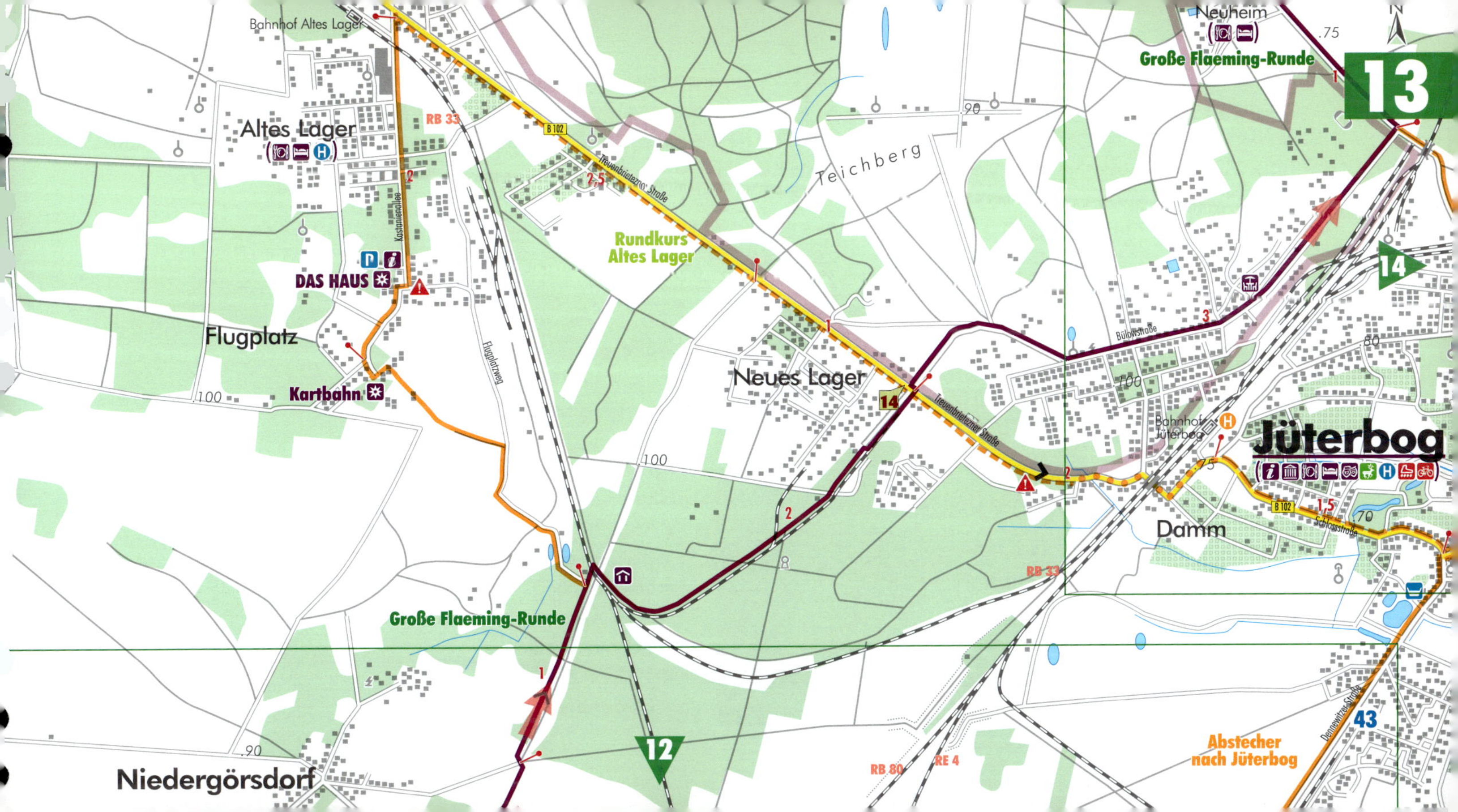

13
Bahnhof Altes Lager
Altes Lager
RB 33
B 102
Treuenbrietzener Straße
Kastanienallee
DAS HAUS
Flugplatz
Kartbahn
Flugplatzweg
100
Teichberg
Rundkurs Altes Lager
Neues Lager
14
Neuheim
Große Flaeming-Runde
90
Bülowstraße
80
Bahnhof Jüterbog
Jüterbog
Damm
Schlossstraße
70
Große Flaeming-Runde
12
Niedergörsdorf
RB 80
RE 4
Dennewitzer Straße
43
Abstecher nach Jüterbog

fahrt in die Straße **Weinberge** ⤳ geradeaus weiter auf der **Neuheimer Straße** bis zum Bahnübergang.

Tipp: Von hier haben Sie zwei Möglichkeiten. Entweder Sie folgen der Hauptroute über Neuheim oder biegen nach dem Bahnübergang gleich rechts in die Fahrradstraße Richtung Kloster Zinna ab (s. Rundkurs Kloster Zinna).

FLAEMING-SKATE-
Beschilderung bei Neues Lager

Für die Hauptroute fahren Sie auf der Neuheimer Straße bis kurz vor den Ort Neuheim, wo Sie sich wieder auf der großen Flaeming-Runde befinden.

Von Dennewitz geht es südlich des Dorfes entlang ⤳ an der Querstraße links ⤳ Sie unterqueren die ICE-Strecke ⤳ einen Kilometer nach dem Rad- und Fußgängertunnel rechts in die Fahrradstraße ⚠ es geht steil bergauf ⤳ Sie überqueren die Landstraße ⤳ auf der rechtsseitigen Fahrradstraße nach rechts wenden ⤳ nach dem Bahnübergang rechts.

Tipp: Vor dem Bahnübergang geht es links in den Ortsteil Niedergörsdorf-Flugplatz. Hier haben Sie Anschluss an den Rundkurs Altes Lager (s. S. 56).

Sie folgen der Fahrradstraße entlang der Gleise ⤳ durch eine Absperrung und geradeaus zur B 102 an der Kreuzung **Treuenbrietzener Straße /Bülowstraße**, links von Ihnen liegt eine ehemalige sowjetische Siedlung ⤳ Sie befinden sich im Ortsteil Neues Lager.

14 Neues Lager 70,5 km

Höhepunkt der fünften und letzten Etappe der großen Flaeming-Runde ist das Zisterzienserkloster Zinna. Die Klosterkirche ist ein wahres Kleinod und gehört zu den Meisterwerken der Feldsteinbaukunst. Besonders sehenswert sind die gut erhaltenen Fresken im Kircheninneren. Auf Ihrem Weg liegt auch das Webermuseum, das sich mit der Geschichte der Handweberei und der Weber in Kloster Zinna beschäftigt.

Nach einer Stärkung mit dem „Zinnaer Klosterbruder" geht es dann in den Endspurt. In Werder erwarten Sie der Erlebnishof Werder und die Puppenstube, zu der eine Teestube gehört. Nach einem Besuch der Zinngießerei in Neuhof geht es dann über Kolzenburg zurück zum BMX-Trails bei Luckenwalde, dem Ausgangspunkt der großen Flaeming-Runde.

Länge: 22 km

Start: Neues Lager

Ziel: Luckenwalde, Parkplatz am Luckywood-BMX-Trails

Wegequalität: Gesamtkategorie sehr gut. Der Weg ist durchgängig 2 bis 3 Meter breit und mit einem glatten Asphalt versehen. Allerdings gab es einige Stellen, die mit Verbundpflaster gepflastert sind.

Verkehr: Die fünfte Etappe verläuft überwiegend auf Fahrradstraßen, ein kurzes Stück auf einer Nebenstraße und einem Rad- und Fußweg.

Schwierigkeit: Es gibt eine Steigung auf dem Weg nach Werder. Außerdem eine Stolperstelle am Ortsrand von Kloster Zinna, die schnell zur Gefahrenstelle werden kann. Hier ist der Weg zur Straße hin abfallend und mit Verbundsteinpflaster gepflastert.

14 Neues Lager 70,5 km

Sie überqueren die **Treuenbrietzener Straße** geradeaus ~ weiter geht's auf dem linksseitigen Rad- und Fußweg entlang der **Bülowstraße** ~ immer geradeaus bis zur **Neuheimer Straße**.

Tipp: Sie haben nun zwei Möglichkeiten nach Kloster Zinna zu gelangen. Die Hauptroute führt Sie über Neuheim und Grüna nach Kloster Zinna, die Variante verläuft direkt nach Kloster Zinan und ist etwas kürzer (s. Rundkurs Kloster Zinna).

FLAEMING-SKATE bei Neuheim

Kloster Zinna

Für die Hauptroute biegen Sie nach links ab, rechts liegt ein Motocross-Gelände ~ Sie fahren bis zum Ortseingang von Neuheim.

15 Neuheim 74,5 km

Vor dem Ort zweigt die Fahrradstraße nach rechts ab ~ parallel zu einem Graben geht es am Ortsrand von Neuheim vorbei ~ Sie überqueren die Straße nach Grüna und fahren auf dem linksseitigen Weg geradeaus ~ vor der Eisenbahnbrücke in Grüna nach links, vor Ihnen liegt das Dörfchen Grüna.

Grüna

Kutsch- und Kremserfahrten, Pferdehof Schneider, Jüterboger Str. 24, ✆ 402890

Sie unterqueren die Eisenbahnstrecke nach rechts ~ an der Kreuzung geradeaus ~ dann links halten ~ zunächst geradeaus ~ dann rechts halten ~ an der Querstraße links ~ die rechtsseitige Fahrradstraße schwenkt vor dem Ort Kloster Zinna nach rechts, geradeaus vor Ihnen liegt das Zisterzienserkloster Zinna.

16 Kloster Zinna 80 km

PLZ: 14913; Vorwahl: 03372

Stadtinformation Jüterbog, Markt 21, ✆ 463113

Museum Kloster Zinna, Am Kloster 6, ✆ 432610, Di-So 10-17 Uhr. Das Museum beschäftigt sich mit der Geschichte des Klosters und des Zisterzienserordens.

Klosterkirche Zinna – Fresko

Webermuseum, Berliner Str. 72, ✆ 432739, ÖZ: Di-So 10-17 Uhr, Führungen n. V.; Weberei. Das Museum vermittelt anschaulich die Geschichte der Handweberei und der Weber, die sich hier im 18. Jh. aus der Lausitz kommend niederließen. In der Weberei werden an historischen Webstühlen Stoffe hergestellt.

Zisterzienserkloster Zinna (1170). Das Kloster ist das älteste Zisterzienserkloster der Mark Brandenburg. Die Klosterkirche zählt zu den Meisterwerken der Feldsteinbaukunst.

Webersiedlung (1764)

Zinnaer Klosterspirituosen, Am Kloster 6, ✆ 439595. Auf den Zisterziensermönch Lukas geht das Rezept für den „Zinnaer Klosterbruder" zurück. In der Schaudestille können Sie die Hestellung des Kräuterschnapses mitverfolgen. Weitere edle Tröpfchen sind der „Zinnaer Kloster Kirsch" und der „Zinnaer Abtei"-Schnaps.

Antiquitäten Kloster Zinna, Berliner Str. 40, ✆ 404637

14
Kloster Zinna
Kloster Zinna
B 101
Brattner Straße
Neuheim
Große Flaeming-Runde
Große Flaeming-Runde
Motocross
Neuheimer Straße
Rundkurs Kloster Zinna
Werder
Puppenstube
Bürgermühle
Luckenwalder Straße
Abstecher nach Jüterbog
Jüterbog
Bülowstraße
Schlossstraße
Schillerstraße
B 102
Damm
Neumarkt
RE 4
RB 33
RB 80
15
16
17
13
19

Hotel Alte Försterei, Markt 7, ✆ 4650, Verleih für Gäste, Kurse auf Anfrage

Der Name Zinna leitet sich von dem slawischen Wort Czinnow ab, das so viel wie „sumpfige Gegend“ bedeutet und damit die sumpfige Nuthe-Niederung beschreibt.

Das Zisterzienserkloster wurde im Jahr 1170 errichtet. Bis zur Auflösung des Klosters als Folge der Reformation im Jahr 1553 zählte der Orden mit dem 300 Quadratkilometer umfassenden Klosterland zu den bedeutendsten Grundbesitzern im Fläming.

Die wichtigsten Gebäude der Klosteranlage sind erhalten und können besichtigt werden. Sehenswert ist die Pfeilerbasilika aus dem Jahre 1226. Die Architektur lässt den Übergang von der Romanik zur Gotik erkennen. Hörenswert ist die Kirchenorgel, die unter anderem zu Orgeltagen erklingt. In der angrenzenden Abtei ist das Klostermuseum untergebracht.

FLAEMING-SKATE – Infotafel Werder

Sehenswert ist auch die Webersiedlung, die Nahe des Klosters entstand und einen wesentlichen Teil des Ortes einnimmt. 1764 ließ Friedrich der Große an der Grenze von Preußen und Sachsen diese Siedlung für katholische Weber aus der Lausitz erbauen. Es entstanden insgesamt 150 schlichte preußische Häuser auf einem streng geometrischen Dorfgrundriss. Mehr über die Geschichte der Weber in Brandenburg und in Zinna sowie über die fast unverfälscht erhalten gebliebene Webersiedlung erfahren Sie im Webermuseum am Ortsausgang Richtung Jüterbog.

Es geht am Deich der Nuthe bis zur **Berliner Straße** ~ ⚠ auf beiden Seiten des Rad- und Skateweges ist-das letzte Stück zur Bundesstraße gepflastert und abgesenkt – Vorsicht Stolper- und Unfallgefahr! ~ Sie überqueren die Straße und wenden sich nach rechts ~ weiter auf dem linksseitigen Rad- und Skateweg parallel B 101 ~ nach wenigen 100 Metern fahren Sie nach links ~ Sie unterqueren die Eisenbahnbrücke ~ danach links halten ⚠ es geht steil bergauf nach Werder ~ auf Höhe des Parkplatzes links, geradeaus geht es in den kleinen Ort Werder.

17 Werder 83 km

PLZ: 14913; Vorwahl: 03372

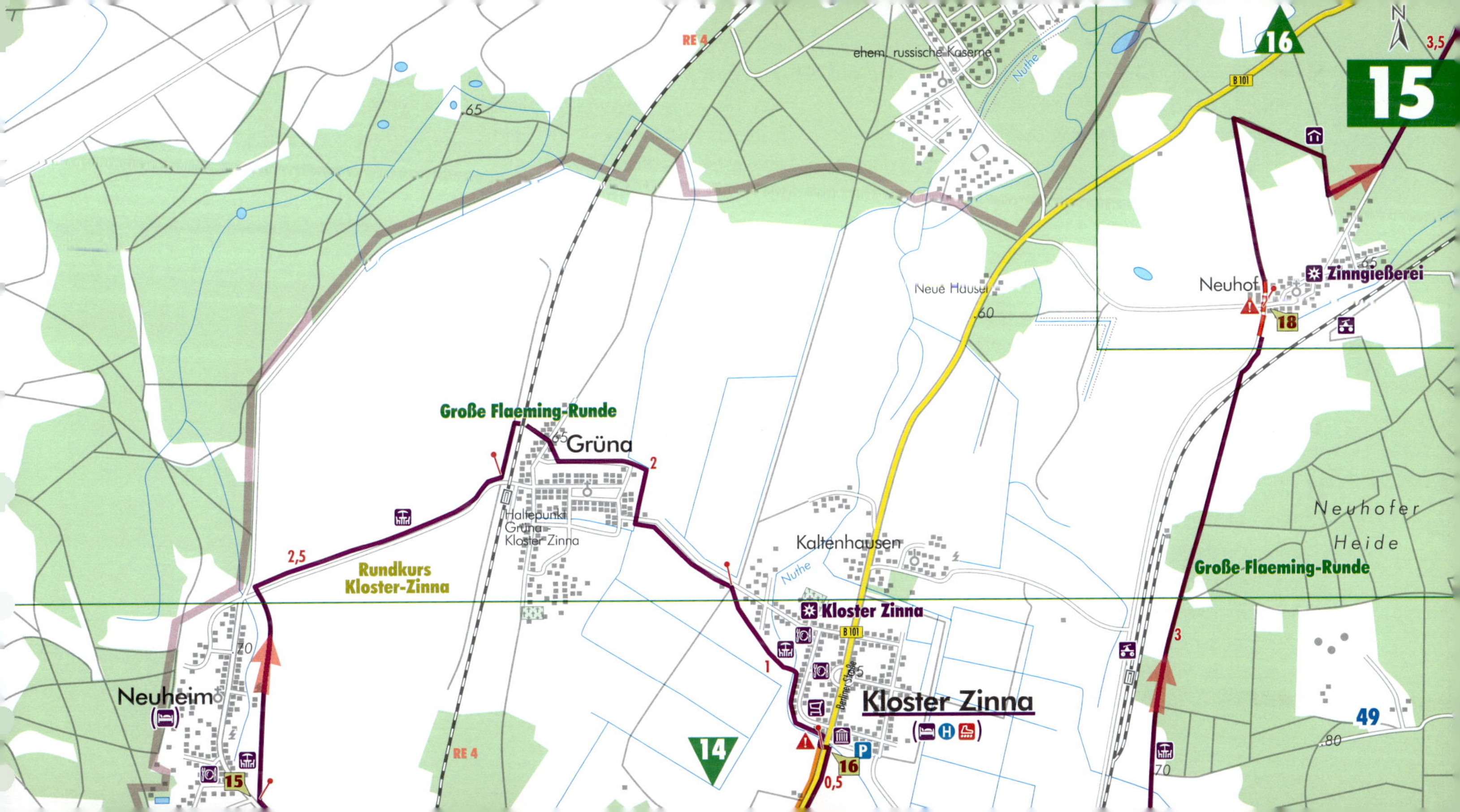

RE 4
ehem. russische Kaserne
Nuthe
16
15
3,5
B 101
.65
Große Flaeming-Runde
Grüna
2
Haltepunkt Grüna-Kloster Zinna
2,5
Rundkurs Kloster-Zinna
Neue Häuser
.60
Neuhof
Zinngießerei
18
Neuhofer Heide
Große Flaeming-Runde
Kaltenhausen
Nuthe
Kloster Zinna
B 101
1
Berliner Straße
Kloster Zinna
16
0,5
14
RE 4
Neuheim
.70
15
3
49
.80
70

Café-, Wein- und Puppenstube im Alten Pfarrhaus, Dorfstra. 33, ✆ 407620, ÖZ: Sa, So 14-19 Uhr u. n. V. Die **Puppensammlung** umfasst über 1.000 Exponate der Marke Schildkröt.

Erlebnishof Werder, ✆ 0171/7322035

Sie fahren an einigen Gärten vorbei ⁓ nächste Straße rechts ⁓ gleich wieder links ⁓ nun immer geradeaus vorbei am ehemaligen Bahnhof Werder bis zur Kreuzung in Neuhof ⚠ Sie müssen die Dorfstraße überqueren, die noch mit altem Kopfsteinpflaster versehen ist – Vorsicht Stolpergefahr!

18 Neuhof 86 km

PLZ: 14913; Vorwahl: 03372

Zinngießerei Neumann, Dorfstr. 1, ✆ 403562, ÖZ: Sa, So/Fei 10-13 Uhr und 15-18 Uhr u. n. V. Es gibt eine Verkaufsausstellung und Sie können die Werkstatt besichtigen, in der Wimmer Zinnfiguren hergestellt werden.

An der Kreuzung überqueren Sie die Kopfsteinpflasterstraße geradeaus ⁓ auf der Fahrradstraße fahren sie zweimal rechts und einmal links ⁓ in einem Linksbogen stoßen Sie auf die alte Straße Richtung Kolzenburg ⁓ nach einem Kilometer in einem spitzen Winkel nach rechts abbiegen ⁓ an dem nächsten Abzweig links halten.

Sie kommen kurz vor Kolzenburg an eine Kreuzung, rechts liegt ein Parkplatz ⁓ hier endet die Fahrradstraße.

An der Kreuzung schräg rechts in die Fahrradstraße ⁓ an der Fabrikhalle links ⁓ auf dem Radweg parallel zur Straße **Unter den Eichen** in einem Links-Rechtsschwenk weiter ⁓ Sie befinden sich in Kolzenburg.

19 Kolzenburg 90,5 km

PLZ: 14943; Vorwahl: 03371

Hotel/Gasthaus Eichenkranz, Unter den Eichen 1, ✆ 610729, Verleih, Kurse auf Anfrage

Tipp: Sind Sie mit öffentlichen Verkehrsmitteln unterwegs, dann können Sie sich in Kolzenburg vom Rufbuss abholen und zum Bahnhof nach Luckenwalde bringen lassen.

Am Gasthaus rechts ⁓ an dem Abzweig geradeaus ⁓ Sie verlassen den Ort auf der Fahrradstraße ⁓ an der Kreuzung links zurück zum Parkplatz am Gelände des BMX Trails südlich von Luckenwalde ⁓ Sie sind zurück am Ausgangspunkt.

20 Luckenwalde–Luckywood-BMX-Trails 92,5 km

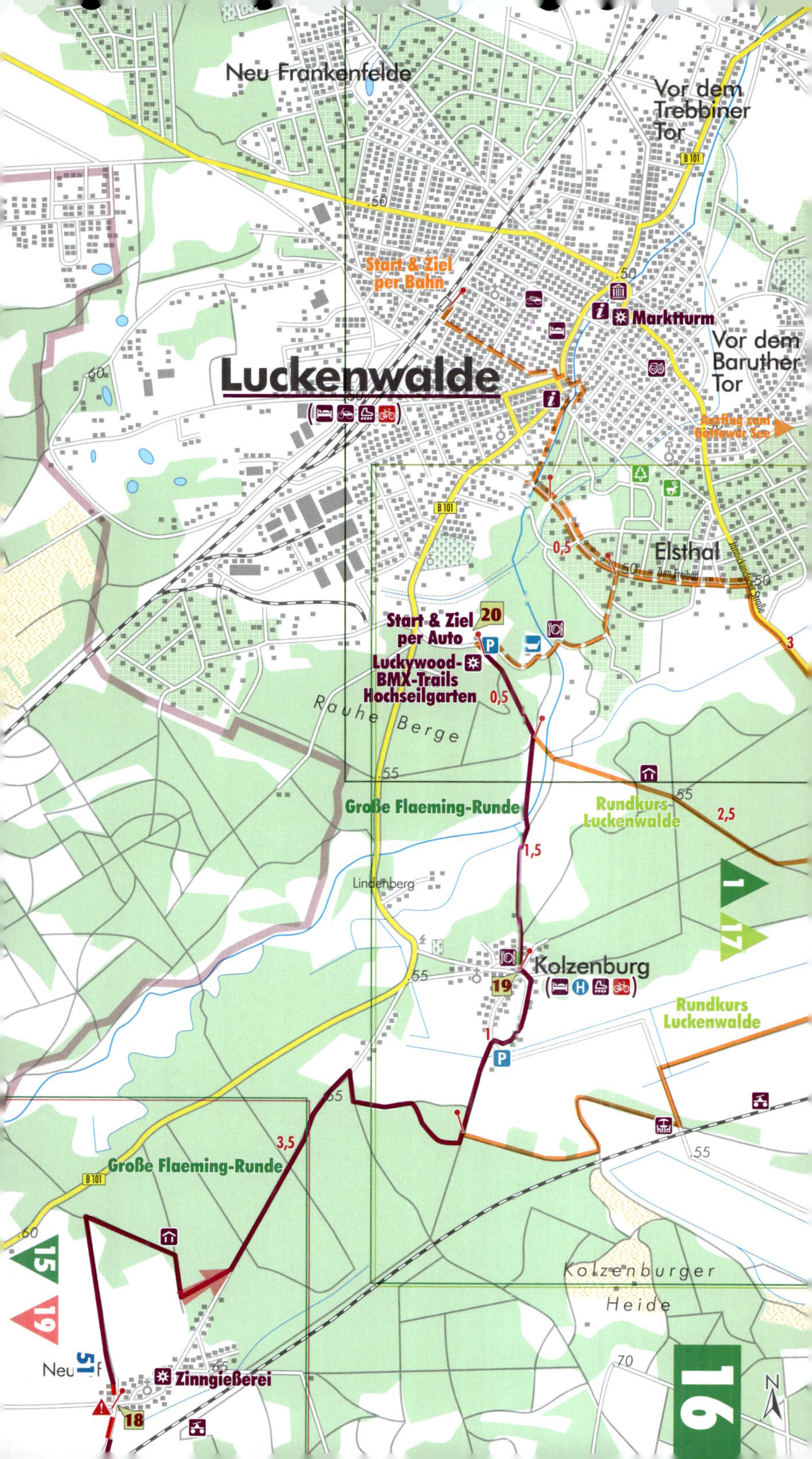

Neu Frankenfelde
Vor dem Trebbiner Tor
B 101
Start & Ziel per Bahn
Marktturm
Vor dem Baruther Tor
Luckenwalde
Ausflug zum Gottower See
Elsthal
Zum Freibad
Jänickendorfer Straße
3
0,5
Start & Ziel per Auto
20
Luckywood-BMX-Trails Hochseilgarten
Rauhe Berge
Große Flaeming-Runde
Rundkurs Luckenwalde
2,5
1,5
1
17
Lindenberg
Kolzenburg
19
3,5
Kolzenburger Heide
15
Neuhof
51
Zinngießerei
18
16

Rundkurs Luckenwalde

13 km *leicht*

Der Rundkurs Luckenwalde eignet sich hervorragend für Anfänger. Die Strecke hat eine angenehme Länge und es gibt keine Steigungen, Abfahrten oder Stolperstellen. Der Zustand der Oberfläche ist sehr gut und der gesamte Weg wird regelmäßig gereinigt bzw. geräumt.

Länge: 13 km

Start & Ziel: Luckenwalde, Parkplatz am Luckywood-BMX-Trails

Wegequalität: Gesamtkategorie sehr gut. Der Weg ist mindestens 2, größtenteils 3 Meter breit und mit einem sehr glatten Asphalt versehen.

Verkehr: Die Strecke verläuft auf dem Rad- und Skateweg.

Schwierigkeit: Keine Steigungen.

Tipp: Dieser Rundkurs lässt sich sehr gut mit dem Rundkurs Kloster Zinna über Neuhof und Werder oder mit einem Badeausflug zum Gottower See oder Holbecker See verbinden.

Hinweise zur An- und Abreise vom Bahnhof Luckenwalde finden Sie in der Beschreibung zur großen Flaeming-Runde.

1 Luckenwalde–Luckywo od-BMX-Trails 0 km

Vom Parkplatz am BMX-Trails geht es bis zur Kreuzung vor der Nuthe ⇝ geradeaus bis zur **Jänickendorfer Straße** ⇝ rechts bis nach Jänickendorf.

2 Jänickendorf 4,5 km

Vor dem Ort schwenken Sie nach rechts ⇝ am Dorfrand geht es bis zur stillgelegten Eisenbahnstrecke ⇝ davor biegen Sie rechts ab ⇝ es geht immer geradeaus ⇝ an der T-Kreuzung links ⇝ Sie folgen dem Verlauf des Rad- und Skaterweges ⇝ an der nächsten T-Kreuzung rechts ⇝ Sie kommen zum Parkplatz in Kolzenburg ⇝ Sie überqueren die Straße geradeaus Richtung **Fabrikhalle** ⇝ auf der rechtsseitigen Fahrradstraße geht es parallel zur Straße **Unter den Eichen** nach Kolzenburg hinein.

3 Kolzenburg 11 km

Am Gasthaus rechts ⇝ an dem folgenden Abzweig geradeaus ⇝ Sie verlassen den Ort auf der Fahrradstraße ⇝ an der Kreuzung links ⇝ bis zum Parkplatz am Luckywood-BMX-Trails und Sie haben Ihr Ziel erreicht.

4 Luckenwalde-Luckywood-BMX-Trails 13 km

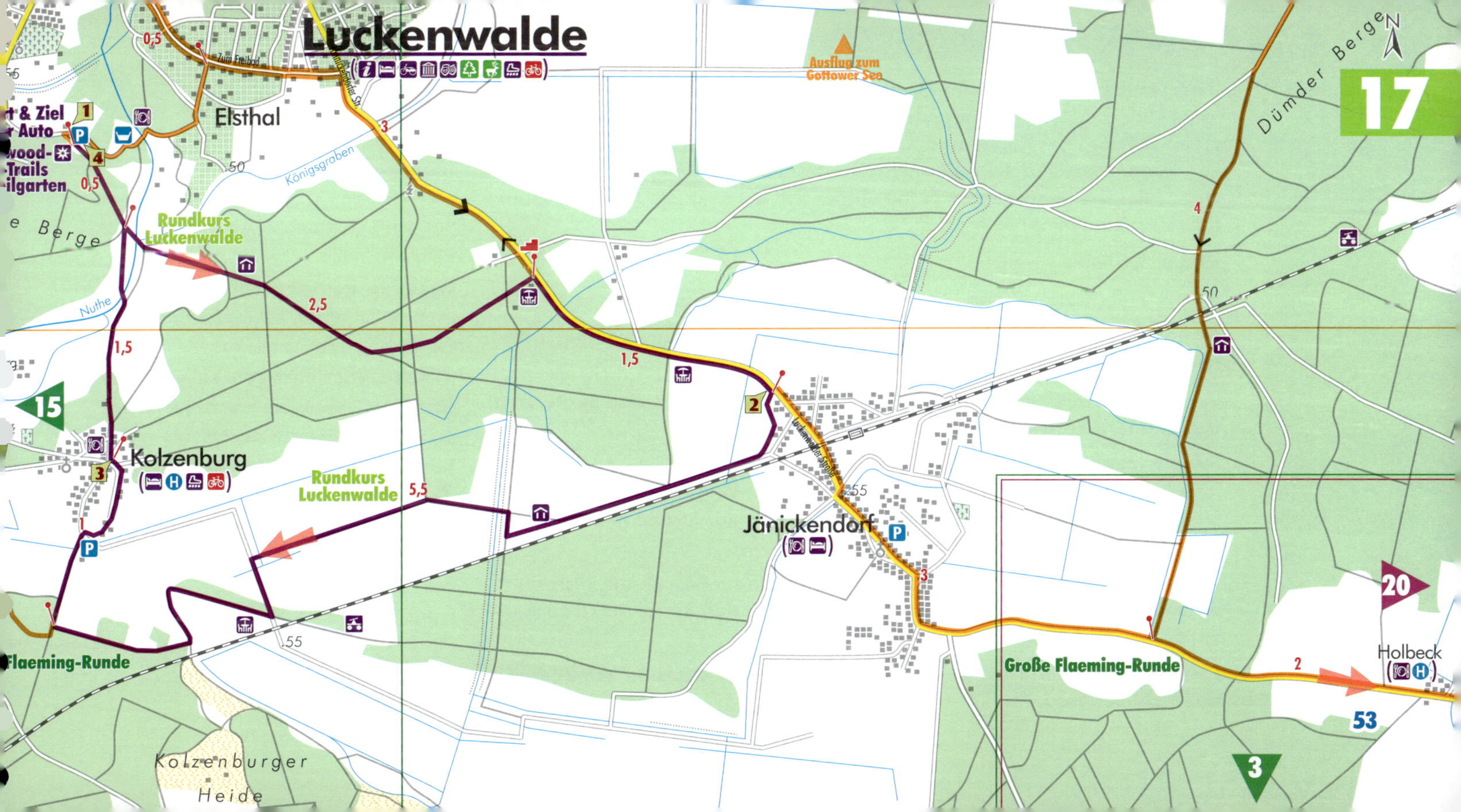

Luckenwalde
Zum Freibad
Ausflug zum Gottower See
Dümder Berge
17
Elsthal
t & Ziel
r Auto
wood-
-Trails
ilgarten
Königsgraben
Rundkurs Luckenwalde
Nuthe
15
Kolzenburg
Rundkurs Luckenwalde
Jänickendorf
Flaeming-Runde
Große Flaeming-Runde
Holbeck
20
53
3
Kolzenburger Heide
0,5
2,5
1,5
5,5
1
2
4

9,5 km

leicht

Rundkurs Kloster Zinna

Diese Tour verläuft rund um Kloster Zinna und die historische Webersiedlung. Hier gibt es von allem etwas: Natur, Kultur und Ausflugslokale, die zu einer Pause bei Kaffee und Kuchen einladen. Interessant sind die Fresken in der Klosterkirche und die Klosterdestille ist allemal einen Besuch wert. Alles in allem: Kloster Zinna eignet sich sehr gut als Ausgangspunkt für einen kurzen Skate-Ausflug.

Länge: 9,5 km

Start & Ziel: Kloster Zinna, Parkplatz am Webermuseum

Wegequalität: Gesamtkategorie sehr gut. Der Weg ist durchgängig 3 Meter breit und mit einem glatten Asphalt versehen.

Verkehr: Die Strecke verläuft ausschließlich auf dem Rad- und Skaterweg, überwiegend abseits der Nebenstraßen.

Schwierigkeit: Es gibt keine Steigungen. Dagegen gibt es eine Stolperstelle in Kloster Zinna, die gefährlich werden kann. Vom Deich entlang der Nuthe zur Berliner Straße kommend ist der Weg zur Straße hin abgesenkt und mit Verbundsteinpflaster versehen.

Tipp: Dieser Rundkurs lässt sich sehr gut mit einem Besuch der historischen Altstadt von Jüterbog verbinden, oder mit den Rundkursen Luckenwalde und Altes Lager kombinieren.

Eine originelle Anreisevariante ist die Fahrt mit der Draisine von Zossen aus (s. Einleitung).

1 Kloster Zinna 0 km s. S. 46

Startpunkt ist der **Parkplatz am Webermuseum**, von dem Sie nach links zur **Berliner Straße** fahren ~ hier links und auf dem rechtsseitigen Weg aus Kloster Zinna hinaus ~ nach wenigen hundert Metern nach rechts Richtung Wald ~ der Weg führt Sie in einem Bogen zu der stillgelegten Eisenbahnstrecke ~ parallel dazu bis zur T-Kreuzung beim Gewerbegebiet von Jüterbog.

Tipp: Nach links geht es zur Altstadt von Jüterbog. Sehen Sie hierzu Karte 14.

Sie biegen nach rechts ab und fahren parallel bis kurz vor Neuheim.

2 Neuheim 4 km

Vor dem Ort zweigt die Fahrradstraße nach rechts ab ~ parallel zu einem Graben geht es am Ortsrand entlang ~ Sie überqueren eine Straße ~ nach rechts in die Fahrradstraße nach Grüna ~ vor der Eisenbahnbrücke links, geradeaus vor Ihnen liegt das Dörfchen Grüna.

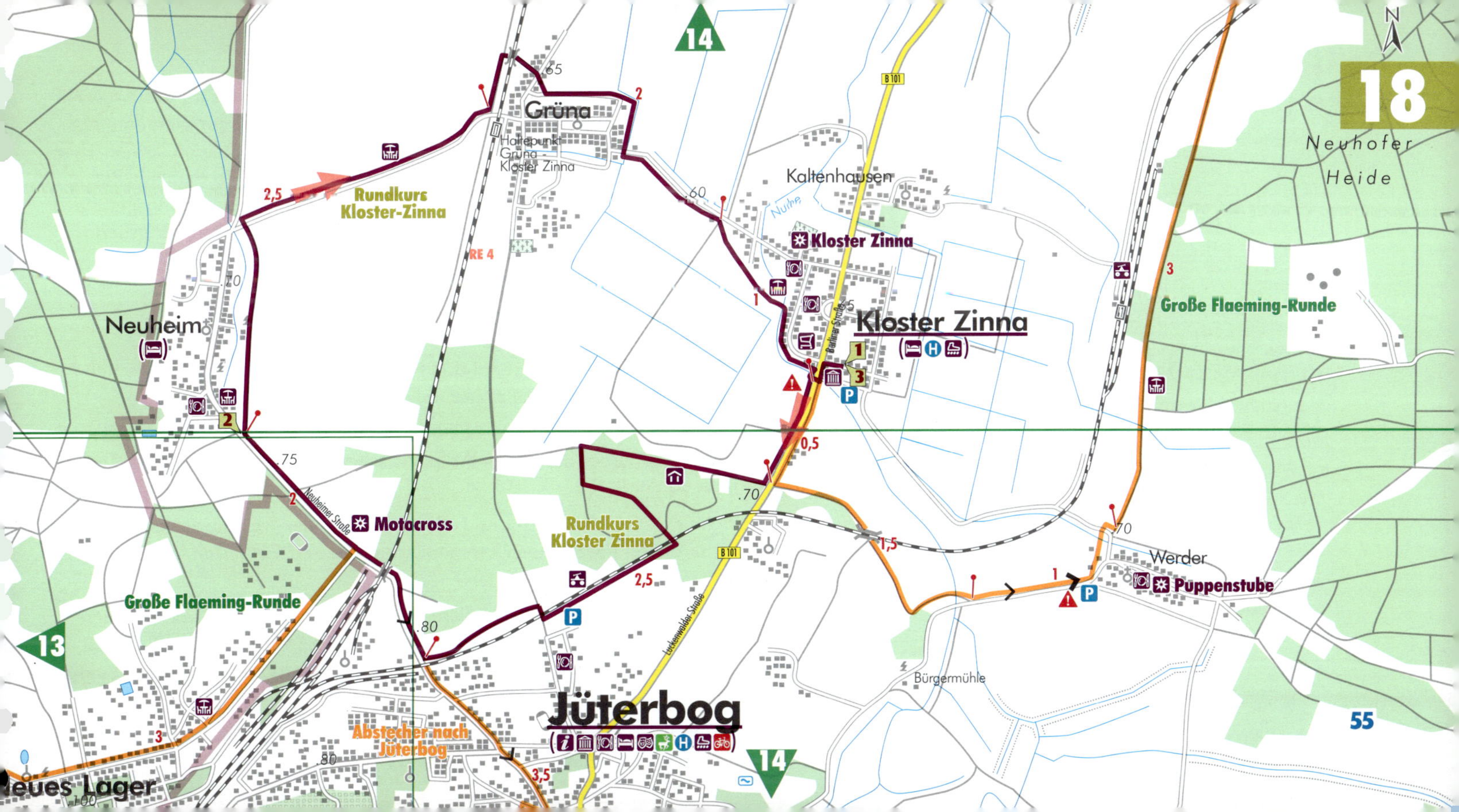

18
Neuhofer Heide
14
Grüna
Haltepunkt Grüna - Kloster Zinna
Kaltenhausen
Nuthe
B 101
Rundkurs Kloster-Zinna
Kloster Zinna
Kloster Zinna
Berliner Straße
RE 4
Neuheim
Große Flaeming-Runde
Motocross
Neuheimer Straße
Rundkurs Kloster Zinna
Werder
Puppenstube
Große Flaeming-Runde
13
Bürgermühle
Luckenwalder Straße
Jüterbog
Abstecher nach Jüterbog
Neues Lager
14
55

Grüna

❋ **Kutsch- und Kremserfahrten**, Pferdehof Schneider, Jüterboger Str. 24, ✆ 402890

Sie unterqueren die Eisenbahnstrecke nach rechts ⁓ an der Kreuzung geradeaus ⁓ dann links halten ⁓ zunächst geradeaus ⁓ dann rechts halten ⁓ an der Querstraße links ⁓ die rechtsseitige Fahrradstraße schwenkt vor dem Ort Kloster Zinna nach rechts, geradeaus vor Ihnen liegt das **Zisterzienserkloster Zinna** ⁓ Sie fahren parallel zur Nuthe bis zum Ortseingang von Kloster Zinna ⁓ ⚠ Vorsicht an der **Berliner Straße** – die Fahrradstraße ist zur Bundesstraße hin abgesenkt und mit Verbundsteinpflaster versehen ⁓ Sie fahren nach links ⁓ beim Webermuseum rechts ab und somit zurück an Ihrem Startpunkt.

3 Kloster Zinna 9,5 km

9,5 km

leicht

Rundkurs Altes Lager

Der Rundkurs führt Sie durch einen Teil des Konversionsgebietes im Landkreis Fläming. Im Gemeindezentrum DAS HAUS im Ortsteil Flugplatz informiert eine Ausstellung über die Konversion, die Wiederherstellung der ehemaligen sowjetischen, militärischen Nutzflächen in Niedergörsdorf und Umgebung. Zu den Nutzflächen gehören ehemalige Wohnsiedlungen, Kasernen und die Truppenübungsgelände in der Mark. Für die Zukunft ist geplant, letztere für die Naherholungssuchenden auf ausgeschilderten Rad- und Wanderwegen zugänglich zu machen.

Länge: 9,5 km

Start & Ziel: Niedergörsdorf, Parkplatz an der Touristikinformation

Wegequalität: Die Wegequalität auf den Fahrradstraßen ist sehr gut, zwischen Altes Lager und Neues Lager gibt es nur eine mäßig gute Asphaltdecke.

Verkehr: Die Strecke verläuft ausschließlich auf Fahrradstraßen, entlang von ruhigen Nebenstraßen oder durch den Wald, zwischen Altes Lager und Neues Lager geht's entlang der B 102.

Schwierigkeit: Keine. Der Rad- und Fußweg entlang der Treuenbrietzener Straße ist sehr schmal und derzeit noch in einem schlechten Zustand. Der Ausbau ist geplant.

Tipp: Dieser Rundkurs lässt sich mit dem Rundkurs Kloster Zinna und mit einem Abstecher in die Altstadt von Jüterbog verbinden. Die Straße dorthin führt über eine Gefällestrecke (6%) und verläuft kurz vor dem Jüterboger Bahnhof auf einem Stück auf einer vielbefahrenen Straße.

An- und Abfahrt mit der RB33 Berlin-Wannsee – Jüterbog in Altes Lager.

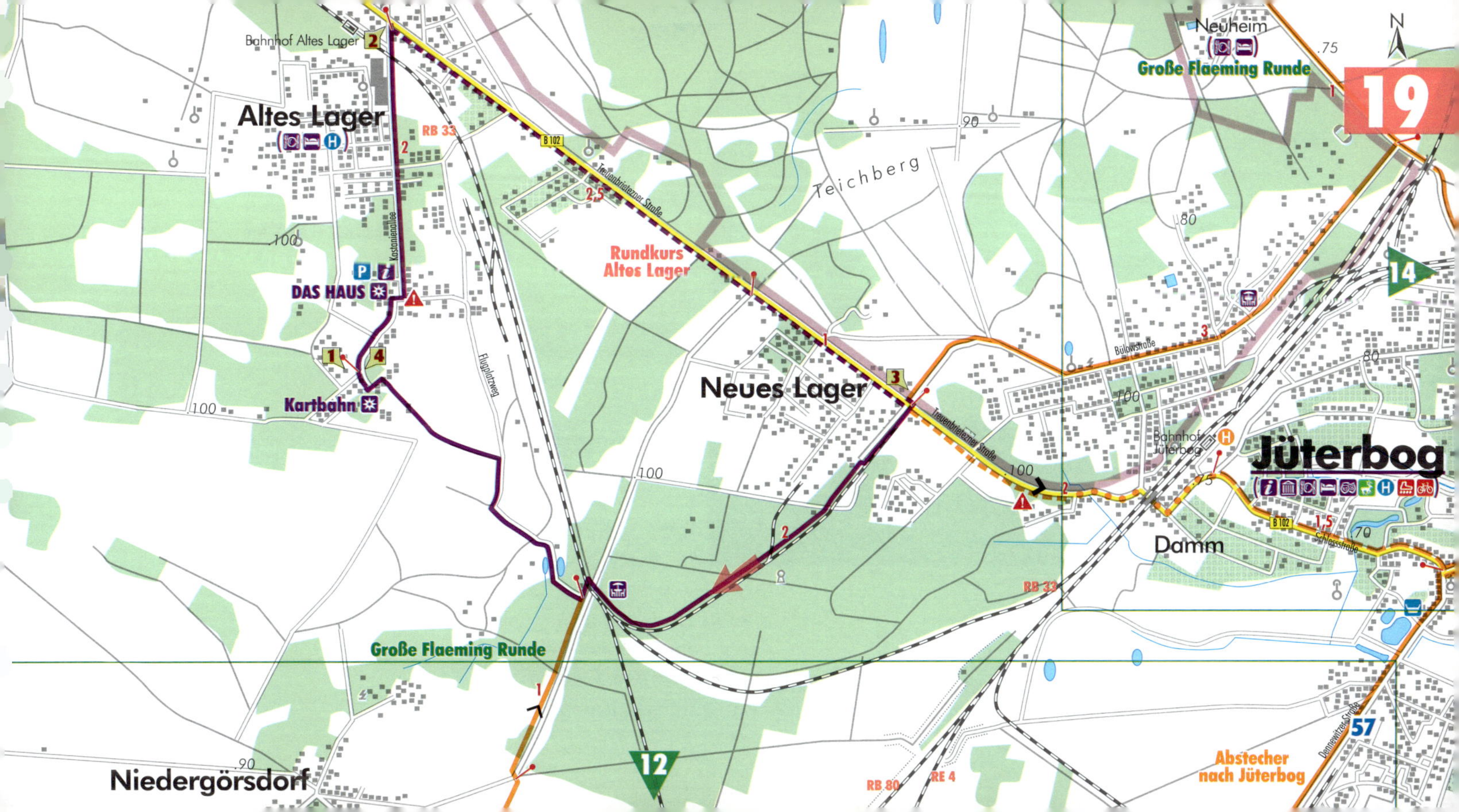

19
Bahnhof Altes Lager
Altes Lager
DAS HAUS
Kartbahn
Kastanienallee
Flugplatzweg
RB 33
B 102
Treuenbrietzener Straße
Rundkurs Altes Lager
Teichberg
Neues Lager
Neuheim
Große Flaeming Runde
Bülowstraße
Bahnhof Jüterbog
Jüterbog
Damm
Schlossstraße
Dennewitzer Straße
Abstecher nach Jüterbog
Große Flaeming Runde
Niedergörsdorf
RB 80
RE 4
12
14
57

1 Flugplatz 0 km

PLZ: 14913; Vorwahl: 033741

Touristikinformation Niedergörsdorf - Flugplatz, Kastanienallee 21, ✆ 80906

DAS HAUS, Kastanienallee 21, ÖZ: Mo-Fr, 10-16 Uhr, So 13-16 Uhr u. n. V. Lesungen, Veranstaltungen HAUSMUSIK und HAUSGEIST. In dem ehemaligen Offizierskasino ist die Tourismusinformation, das soziokulturelle Gemeindezentrum, eine Ausstellung zum Thema „Konversion" und das theater 89 untergebracht.

Kartbahn

Niedergörsdorf-Flugplatz – DAS HAUS

Sie fahren auf der **Kastanienallee** bis zum Bahnübergang im Ort Altes Lager.

2 Altes Lager 2 km

An der Treuenbrietzener Straße rechtsSie fahren immer geradeaus bis zur Kreuzung Ecke **Bülowstraße** im Ortsteil Neues Lager.

3 Neues Lager 5,5 km

Tipp: Zur Altstadt von Jüterbog geht es auf der Treuenbrietzener Straße geradeaus. Auf dieser Straße gibt es ein starkes Gefälle (6%).

An der **Kreuzung** biegen Sie rechts ab ~ am Ende der Sackgasse geradeaus an der Absperrung vorbei ~ entlang der stillgelegten Bahnlinie bis zur Landstraße ~ hier links ~ nach dem Bahnübergang rechts in den **Flugplatzweg** ~ auf dem Gelände des ehemaligen Flugplatzes links in den Radweg ~ Sie kommen zur **Kartbahn Niedergörsdorf**, die links von Ihnen liegt ~ Sie biegen rechts ab ~ an der Querstraße wieder rechts ~ links in die **Kastanienallee** zurück bis zur Tourismusinformation.

4 Flugplatz 9,5 km

Von Holbeck nach Glashütte

Dieser Ausflug führt Sie ins Baruther Urstromtal. Außerhalb der Ortschaften fahren Sie auf geschwungenen sehr gut asphaltierten Wegen parallel zur Landstraße Luckenwalde – Baruth. Unterwegs gibt es viel zu sehen: Reizvolle Natur, das Oscar-Barnack-Museum, Kirchen und Schlösser. Der Wildpark Johannismühle lädt zu einem Ausflug ein. Ziel dieser Tour ist das Museumsdorf Glashütte. Hier erwarten Sie die Schauglasproduktion, zahlreiche Handwerksausstellungen und das kühle Nass des Bio-Badeteichs.

Länge: 22 km

Start: Holbeck, Parkplatz

Ziel: Museumsdorf Glashütte

Wegequalität: Die Qualität ist sehr gut bis mäßig. Zwischen Stülpe und Lynow gibt es ein zwei Stellen, die unvermittelt im Sand enden (Frühjahr 2003). Der Ausbau erfolgt voraussichtlich in 2003. Der Rest der Strecke verläuft auf sehr guter Oberfläche oder Straßenasphalt.

Verkehr: Die Strecke verläuft bis auf die Ortsdurchfahrten in Lynow und Schöbendorf auf straßenbegleitenden Fahrradstraßen.

Schwierigkeit: Keine Steigungen. Einige Stolperstellen. Vorsicht beim Überqueren der Landstraßen in den Ortschaften, es gibt keine Fußgängerüberwege oder ähnliches.

Tipp: Der Ausflug kann auch sehr gut als Verbindung von der Regionalexpresslinie RE5 zu FLAEMING-SKATE genutzt werden. Als Ausgangspunkte sind die Bahnhöfe Klasdorf und Baruth/Mark ideal.

1 Holbeck 0 km

PLZ: 14947; Vorwahl: 03371

Gemeinde Nuthe-Urstromtal-Ruhlsdorf, Frankenfelder Str. 10, ✆ 6860

Holbecker See

Vom Parkplatz in Holbeck wenden Sie sich nach links ~ der nächste Ort ist Stülpe.

2 Stülpe 3 km

PLZ: 14947; Vorwahl: 03371

Gemeinde Nuthe-Urstromtal-Ruhlsdorf, Frankenfelder Str. 10, ✆ 6860

Kirche Stülpe. Die barock ausgestattete Kirche wurde 1562

Schloss Baruth

20
Ausflug zum Gottower See
2
Baruther Urstromtal
.55
Holbeck
Große Flaeming Runde
2
Von Holbeck nach Glashütte
3
Seeweg
1
Holbecker See
.70
2,5
Schloss Stülpe
Stülpe
.55
2
Kirche Stülpe
.55
5
1
Luckenwalder Straße
.55
21
.50
Finkenberge
70
.60
.60
Große Flaeming Runde
4,5
60
.65
4

21
Fläming
Wiesen
Baruther Urstromtal
Schöbendorf
Lynow
Von Holbeck nach Glashütte
Oscar-Barnack-Museum
Eichberg
Lynower Heide
ülpe
20
3
22
2,5
5
.50
.55
.60
.70

erbaut. Sie besitzt eine wunderschöne Orgel udn eine reich verzierte Kanzel. Die Kirche beherbergt mehr als 400 Jahre alte Reliquien. Zu dem können hier Reste der Wallfahrtskapelle Golm besichtigt werden.

Schloss Stülpe. Adam Ernst II. von Rochow erbaute 1754 das Schloss, das von einem kleinen Park mit einem einzigartigen Baumbestand umgeben ist.

Baruth – Orgel der Kirche St. Sebastian

Sie fahren immer geradeaus auf der Fahrradstraße bis in den Ort Lynow.

Tipp: ⚠ Die Asphaltdecke der Fahrradstraße bis Lynow war 2003 noch nicht vollständig geschlossen. An einer Stelle endet der Asphalt abrupt im tiefsten Sand. Kurz vor Lynow endet die Fahrradstraße gänzlich und Sie müssen wie auch in Schöbendorf auf der Straße weiterfahren.

Sie fahren auf der **Dorfstraße** durch den Ort, linker Hand kurz vor Ortsende liegt das Oscar-Barnack-Museum.

3 Lynow 8 km

PLZ: 14947; Vorwahl: 03371

Gemeinde Nuthe-Urstromtal-Ruhlsdorf, Frankenfelder Str. 10, ✆ 6860

Oscar-Barnack-Museum, Dorfstr. 7, ✆ 50309, ÖZ: Sa 10-12 Uhr. Der Erfinder der Kleinbildkamera Leica wurde in Lynow geboren. Das Museum widmet sich seinem Leben und seinen Erfindungen und zeigt ständig wechselnde Fotoausstellungen.

Nach dem Ort geht es auf dem rechtsseitigen Weg weiter bis nach Schöbendorf.

Tipp: Kurz vor der Dorfstraße endet der Weg und Sie fahren auf der Straße durch den Ort.

4 Schöbendorf 10,5 km

Sie folgen der Vorfahrtstraße nach rechts durch den kleinen Ort ~ danach geht es auf dem linksseitigen Weg durch den Ort **Paplitz** bis nach Baruth/Mark ~ Sie kommen an eine größere Kreuzung, links geht es nach Baruth/Mark hinein.

5 Baruth/Mark 16 km

PLZ: 15837; Vorwahl: 033704

Fremdenverkehrsverein Baruther Urstromtal e. V., Walter-Rathenau-Pl. 3, ✆ 65703

St. Sebastian Kirche (geweiht 1346). Die Kirche ist in einem bemerkenswerten Originalzustand erhalten. Sehenswert

Wildpark Johannismühle

22
Bahnhof Baruth
RE5
B 96
Baruther Urstromtal
Schöbendorf
Paplitz
Hammerfließ
Schloss Baruth
St. Sebastian-Kirche
Baruth
Von Holbeck nach Glashütte
Frauenberg
Fürstengräber
Spitzenberge
85
B 115
Finkenberg
110
Moch-Heide
21
23
63
Von Holbeck nach Glashütte
2,5
3
4
1
.55
.50
.60
.80
.70

Tiger im Wildpark Johannismühle

sind die Malereien im Inneren der dreischiffigen Backsteinkirche.

- Das **Baruther Schloss** ist von einem großen Park umgeben, der nach Plänen von P. J. Lennè entworfen und angelegt wurde. Das Barockschloss, Sitz der Fürsten von Solm-Baruth, wurde im 17. Jh. erbaut.
- **Fürstengräber** auf dem Frauenberg
- Eine schöne **Aussicht** genießen Sie vom Mühlenberg

An der Kreuzung fahren Sie geradeaus bis zum Abzweig bei **Klein Zischt** nach links.

Tipp: Von dem Abzweig nach Klein Zischt können Sie einen Abstecher zum Wildpark Johannismühle machen und von dort über Klasdorf weiter nach Glashütte fahren.

Ausflug Wildpark Johannismühle 2 km

Sie fahren auf dem rechtsseitigen Radweg entlang der B 96 weiter geradeaus ~ auf Höhe des Bahnhofs Klasdorf folgen Sie den Hinweisschildern zum Wildpark nach rechts.

Wildpark Johannismühle

Wildpark Johannismühle, Johannismühle 2, ✆ 97011, ÖZ: Sommer, Di-So 10-18 Uhr, Winter, Di-So 10-16 Uhr; Führungen nach Voranmeldung; Fütterungen: Mo-So 11 Uhr. Auf dem 80 ha großen Gelände erwartet Sie eine abwechslungsreiche Wald-, Wiesen- und Teichlandschaft, in der heimische Wildtierarten, Wölfe und Bären zu beobachten sind. Ein behindertenfreundlicher Rundwanderweg führt Sie an die schönsten Plätze des Parks.

Auf der Hauptroute biegen Sie nach dem Bahnübergang nach links ab und kommen in Klasdorf an eine Gabelung.

6 Klasdorf 20 km

An der Gabelung zunächst geradeaus ~ dann zweigen Sie nach links ab ~ immer geradeaus bis ins Museumsdorf Glashütte, dem Ziel ihres Ausfluges.

7 Glashütte 22 km

PLZ: 15837; Vorwahl: 033704

- **Verein Glashütte e. V.**, Hüttenweg 20, ✆ 980914
- **Technisches Denkmal Glashütte – Museum zur Geschichte der Glasherstellung**, Hüttenweg 20, ✆ 980914, ÖZ: April-Okt., Di-So 10-18 Uhr, Nov.-März, Di-So 10-16 Uhr, Gruppen n. V. Ganzjährig zahlreiche Veranstaltungen.
- **Burgermuseum** im Werkstattgebäude, Hüttenweg 20, ✆ 980914, ÖZ: April-Okt., Di-So 10-18 Uhr, Nov.-März, Di-

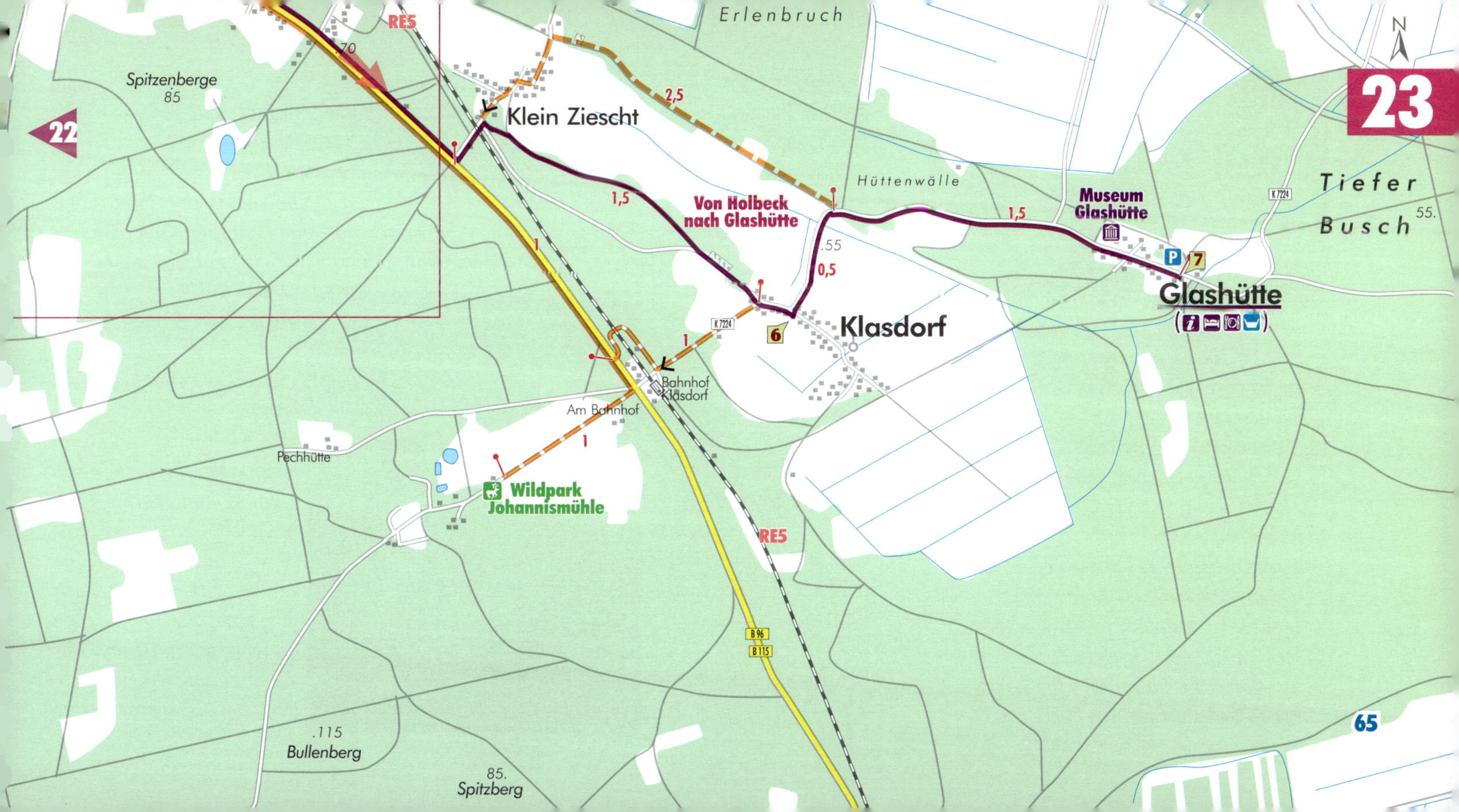

Erlenbruch
RE5
70
Spitzenberge
85
22
Klein Ziescht
2,5
1,5
Von Holbeck nach Glashütte
Hüttenwälle
.55
0,5
1,5
Museum Glashütte
K 7224
Tiefer Busch
55.
23
7
Glashütte
Klasdorf
6
K 7224
1
1
Bahnhof Klasdorf
Am Bahnhof
1
Pechhütte
Wildpark Johannismühle
RE5
B 96
B 115
.115
Bullenberg
85.
Spitzberg

Glashütte – Burgermuseum

So 10-16 Uhr, Gruppen n. V. Das Museum zeigt den Nachlass des Erfinders der Thermosflasche Reinhold Burger und eine umfangreiche Sammlung historischer Thermosflaschen und Röntgengeräte.

- **Glasmanufaktur Glashütte GmbH**, ✆ 0712/8078152, ÖZ: Di-So 10-16 Uhr; Ansprechpartner: Herr Steger. In dem modernen Glasofen, der seit 1998 in Betrieb ist, entstehen bei Temperaturen bis zu 1.450° Celsius Glasgefäße und -objekte. Hier wird bei der Schauglasproduktion die Entstehung von Glasprodukten nicht nur gezeigt, Sie können selbst Glas blasen und das Ergebnis mit nach Hause nehmen.
- **Glasbläserei**, ✆ 66011; Ansprechpartner: Herr Rentsch. Hier entstehen unter anderem Lampenschirme. Auch Auftragsarbeiten werden angenommen.
- **Glasladen**, ✆ 980936
- **Galerie im Packschuppen**, Hüttenweg 8, ✆ 66060. Hier gibt es Kunsthandwerk, Malerei, Grafiken, Holz- und Papierspielzeug.
- **Kräutergarten & Kräuterladen**, Hüttenweg 9, ✆ 65396. Wissenswertes über vergessene und wenig bekannte Kräuter, Ladenverkauf: Obstweine und Tinkturen.
- **Pott-Teria**, Hüttenweg 8a, ✆ 61889. Hier können Tongefäße erstanden oder in Kursen selbst angefertigt werden.
- Der **Dorf-Backofen** wird von den Inhabern des Gasthofes Reuner betrieben. Backzeiten erfahren Sie unter ✆ 67065.
- **Natur- und Kulturlehrpfad Glashütte**, Führungen n. V., Infos bei Fr. Bakus, ✆ 980914. Rot markierte Granitsteine weisen den Weg.
- **Kutschfahrten**: Pögel, ✆ 66401, Bublitz, ✆ 61454
- **Bio-Badeteich**, ✆ 65442
- **Rad- und Skateverleih Museumshof**, Hüttenweg 19c, ✆ 980936, Verleih, Verkauf, Reparatur

Museum Glashütte

Das Museumsdorf ist einen Ausflug wert. Das kleine Dörfchen steht seit 1983 unter Denkmalschutz und beherbergt mit dem teilrestaurierten Glashüttenkomplex eines der bedeutendsten Industriedenkmäler Brandenburgs. Das Dorfensemble mit seinen gut erhaltenen Gebäuden aus dem 18. und 19. Jahrhundert gewährt einen guten Einblick in das frühere Dorfleben.

Glashütte verdankt seine Entstehung einem verheerenden Sturm und einem ganz pragmatischen Entschluss. Zu Beginn des 18. Jahrhunderts vernichtete ein schwerer Sturm große Teile des Forstbestandes des Grafen Friedrich Sigismund zu Solm-Baruth. Die großen Mengen Bruchholz mussten verwertet werden – zum Einheizen und Verfeuern gerade gut genug. Warum also nicht an die alte Glasbläsertradition anknüpfen, die seit dem 13. Jahrhundert in der Baruther Region besteht – wird sich der Graf gedacht haben.

So entstanden im heutigen Glashütte mehrere Standorte, an denen Glas geschmolzen und verarbeitet wurde. In den folgenden Jahrhunderten produzierten die Glasbläser eine breite Palette unterschiedlichster Glaswaren. Im 19. Jahrhundert wurde Glashütte für sein außergewöhnlich reines Milchglas bekannt, das unter Verwendung von Schafsknochenasche hergestellt wurde. Mit nur wenigen Unterbrechungen waren die Glasöfen in Glashütte bis 1980 in Betrieb.

In dem historischen Hüttengebäude ist der Originalglasofen von 1954 erhalten und in der Schmelzwanne ist noch der 20 Tonnen schwere Glasblock, der bei der Stilllegung 1980 erkaltete, vorhanden. Seit 1998 wird bei 1.450° Celsius in einem modernen Glasofen wieder Glas hergestellt.

Glashütte – Bio-Badeteich

Das Burgermuseum erinnert an einen berühmten Sohn des Dorfes. Reinhold Burger wurde 1866 in Glashütte geboren. Seine in Glashütte begonnene Ausbildung im Glasmacherhandwerk schloss Burger in Berlin ab. Danach begab er sich auf Wanderschaft, die ihn unter anderem in die Vereinigten Staaten von Amerika führte. 1894 gründete er eine eigene Firma in Berlin, in der er Thermosflaschen, Röntgen- und Leuchtstoffröhren entwickelte.

Von Hohenseefeld nach Wildau-Wentdorf

Dieser Ausflug führt Sie ins Dahmer Land mit seinen typischen Flämingdörfern und den Wassermühlen entlang der Dahme. Die Altstadt Dahmes ist neben der restaurierten Wassermühle in Wildau-Wentdorf das Highlight dieser Tour.

Diese Strecke wurde zwischen Hohenseefeld und Dahme im Sommer 2003 bereits ausgebaut. Die Fertigstellung des Teilstückes bis Wildau-Wentdorf ist für das Frühjahr 2004 geplant. Als Ausweichmöglichkeit ist eine Variante über die Landstraße eingezeichnet.

Länge: **22,5 km**

Start: **Hohenseefeld, Parkplatz nahe der Freiwilligen Feuerwehr**

Ziel: **Wildau-Wentdorf, Wassermühle**

Wegequalität: **Gesamtkategorie nach Fertigstellung durchgängig sehr gut. Die Strecke ist mit einer 2 Meter breiten Asphaltdecke versehen.**

Verkehr: **kein Verkehr, da die Strecke als Rad- und Fußweg ausgebaut ist.**

Schwierigkeit: **keine**

Tipp: **Erkundigen Sie sich beim Tourismusverband Teltow-Fläming in Luckenwalde über den Ausbauzustand oder beim Landkreis Teltow-Fläming bevor Sie diesen Ausflug machen.**

Die Abreise ist über den Regionalbahnhof Drahnsdorf möglich, der nur 4 km von Wildau-Wentdorf entfernt liegt und auf der Regionalexpresslinie RE5 liegt.

1 Hohenseefeld 0 km

Vom **Parkplatz** wenden Sie sich an der B 102 nach links ~ bei der Bankfiliale rechts in die Fahrradstraße ~ rechts in die Straße, die nur für den Anliegerverkehr frei ist ~ an der T-Kreuzung links ~ rechts in den Rad- und Skaterweg bis in den Ort Ihlow.

Ihlow

Sie lassen Ihlow rechts liegen ~ geradeaus weiter ~ an der Mühlenruine vorbei, links von Ihnen liegt Niendorf.

2 Niendorf 7 km

Die **Kirche** (18. Jh) wurde 1908 im neubarocken Stil umgebaut.

Rund um den großen Dorfteich stehen regionaltypische **Vierseithöfe** aus rotem Backstein.

An der Kreuzung geradeaus auf dem asphaltierten Rad- und Skaterweg ~ an den folgenden Abzweigen zweimal links ~ geradeaus nach Dahme hinein ~ bis zum Abzweig an der Bushaltestelle kurz

Hohenseefeld
Nieder-
seefeld
Große Flaming-Runde
Von Hohenseefeld nach
Wildau-Wentdorf
Illmersdorf
Vierseithöfe
Rietdorf
Ihlow
Herbersdorf
Niendorf
24
7
8
25
69

vor der B 102 ⇝ rechts in die **Tränkestraße** Richtung Arbeitsamt ⇝ links in die **Torgasse**, für den Kraftfahrzeugverkehr gesperrt ⇝ vor bis zur Hauptstraße $- geradeaus in die **Heinrich-Mann-Straße**, nach rechts durch den Torbogen des Vogelturm liegt das Zentrum von Dahme.

3 Dahme/Mark 10,5 km

PLZ: 15936; Vorwahl: 035451

Tourist-Information, Töpferstr. 17, ✆ 91555

Heimatmuseum, Töpferstr. 16, ✆ 493, ÖZ: Mo, Mi, Do 9-12 Uhr und 13-16 Uhr, Di 9-12 Uhr und 13-18 Uhr, So 14-17 Uhr u. n. V. Museums- und Stadtführungen. Das Museum zeigt eine Klemmeisensammlung und eine Ausstellung zur Blaudrucktechnik.

St. Marien Kirche (12. Jh), Geschwister-Scholl-Str. 7, ✆ 476. Den Schlüssel für die Besichtigung erhalten Sie beim Pfarramt. Die Kirche, deren Grundmauern aus dem Jahr 1141 stammen, zählt zu den ältesten Gebäuden der Stadt. Sehenswert sind die Spätrenaissancekanzel, drei Kronleuchter und der Altaraufbau.

Die **Hospitalkirche** wurde im 18. Jh. zusammen mit einem Spital im Stil des Barock auf den Überresten des mittelalterlichen Karmeliterklosters erbaut. 1998 erfolgte die denkmalgerechte Restaurierung.

Dahme – Heimatmuseum

Das **Rathaus** wurde 1893 nach einem Entwurf von dem aus Dahme stammenden M. Jacob in Backstein-Bauweise errichtet. Der imposante Turm ist schon von Weitem sichtbar und kann besichtigt werden. Der Sitzungssaal und das Trauzimmer können ebenfalls besichtigt werden.

Das über 200 Jahre alte **Fachwerkhaus** in der Töpferstraße 16 ist eines der schönsten Fachwerkhäuser der Stadt. Hier ist das Heimatmuseum untergebracht.

Die **Stadtmauer**, von der 80% erhalten sind, wurde überwiegend aus Raseneisenstein errichtet und trägt daher auch den Namen „Eiserne Mauer".

Der **Vogelturm** ist der Überrest des einstigen Jüterboger Tores, das bei dem Stadtbrand von 1563 zerstört wurde. Der Turm wurde zeitgleich mit dem Rathausbau wiederaufgebaut und 1994 restauriert.

Schlossruine. Das ehemals prächtige Barockschloss wurde im 18. Jh. erbaut. Nach dem 2. Weltkrieg verfiel das bauhistorisch erhaltenswerte Gebäude.

Tierpark im Schlosspark, ✆ 551, ÖZ: Mo-So 7-18 Uhr. Zunächst als Barockgarten angelegt, wurde der Schlosspark im 19. Jh. zu einem Englischen Garten umgestaltet. Seit Beginn des 20. Jhs. ist in dem ehemaligen Burggraben ein Tiergehege Heimat für verschiedene heimische Wildtierarten.

Schwimmbad, Schellstr. 14, ✆ 202

SBZ – Sport- und Bewegungszentrum, Triftstraße

Freibad, ✆ 98133

Fa. Kreißler, Bahnhofstraße, ✆ 210

Dahme hat eine wunderschöne, vor wenigen Jahren behutsam sanierte Altstadt, die ein ganz besonderes ursprüngliches Flair besitzt.

Die Architektur der Stadt spiegelt die Entwicklung der 800-jährigen Stadtge-

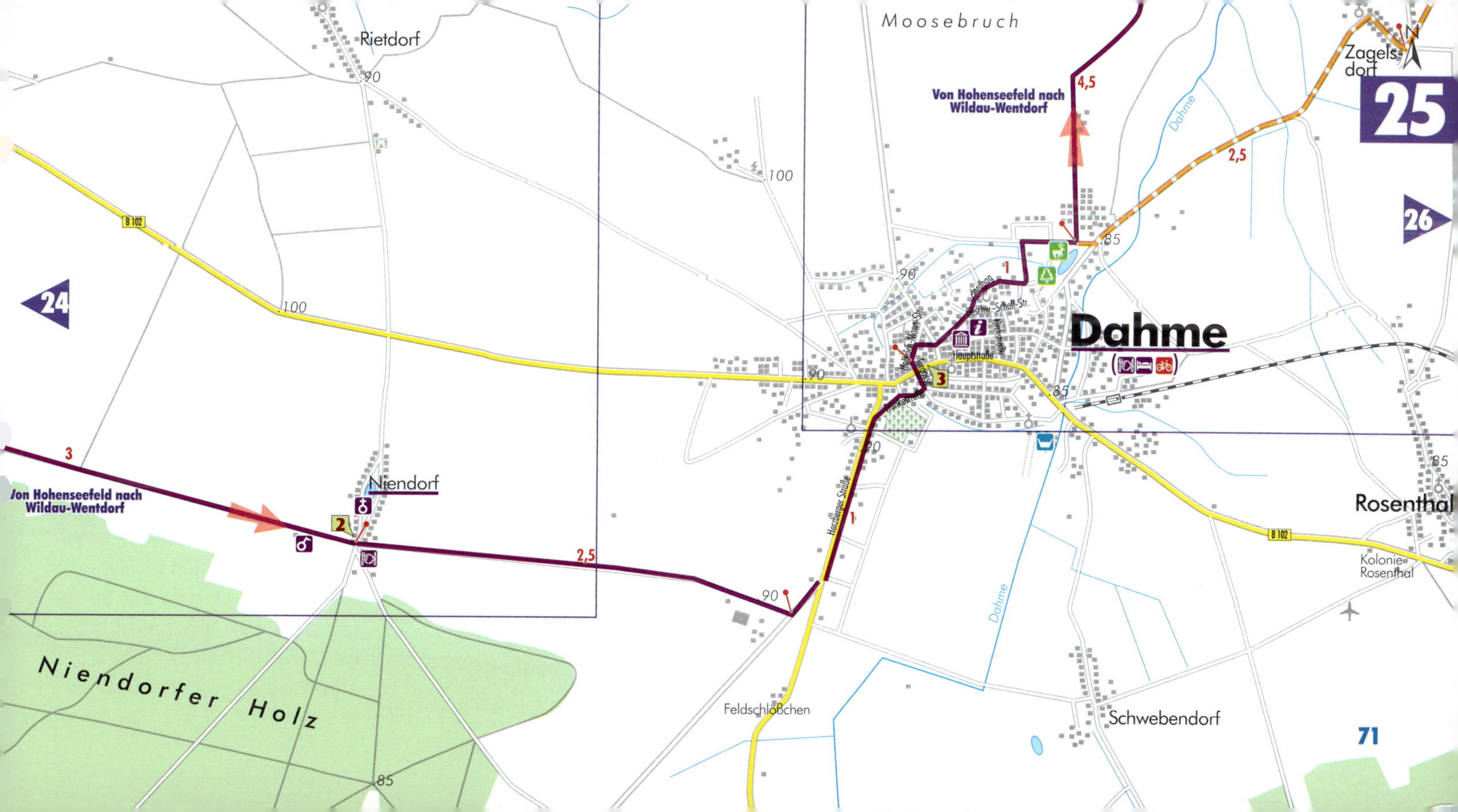

Rietdorf
Moosebruch
Zagelsdorf
25
26
24
4,5
Von Hohenseefeld nach Wildau-Wentdorf
2,5
B 102
100
90
85
Dahme
1
Hauptstraße
Herzberger Straße
3
Niendorf
2
Von Hohenseefeld nach Wildau-Wentdorf
Niendorfer Holz
Feldschlößchen
Schwebendorf
Rosenthal
Kolonie Rosenthal

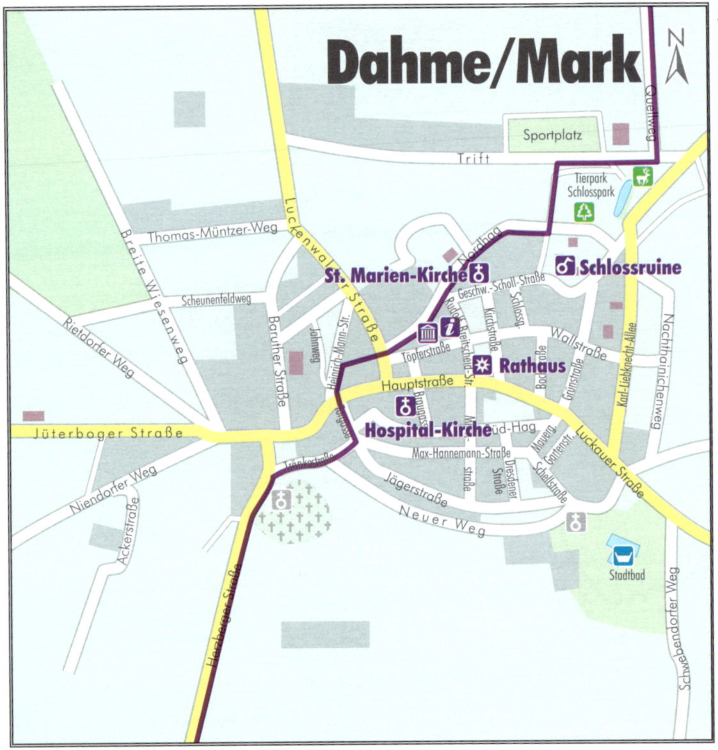

schichte von den Anfängen bis in die heutige Zeit wieder. Die mittelalterliche Stadtmauer, wegen der verwendeten Raseneisensteine auch „Eiserne Mauer" genannt, erinnert an die Wehrhaftigkeit der Bürger und die damalige wirtschaftliche Bedeutung Dahmes. Die Ruine des Barockschlosses erinnert an die Zugehörigkeit der Stadt zum Herzogtum Sachsen-Weißenfels im 17. Jahrhundert. Die Postmeilensäule zeugt von der Lage der Stadt an der Schnellpoststraße Berlin-Dresden im 18. und 19. Jahrhundert. Das Rathaus und die Bürgerhäuser symbolisieren die Gründerzeit und die Wende zum 20. Jahrhundert.

Ursprünglich sind auch die Feste, zu denen die Fläminger

Rathaus Dahme

ihre traditionellen Trachten tragen und den fläminger Klemmkuchen nach alten Rezepten backen.

Vor der Luckenwalder Straße rechts in den Rad- und Skaterweg ~ geradeaus in die Straße **Nordhag** ~ vor dem Schlosspark links ~ am Sportplatz

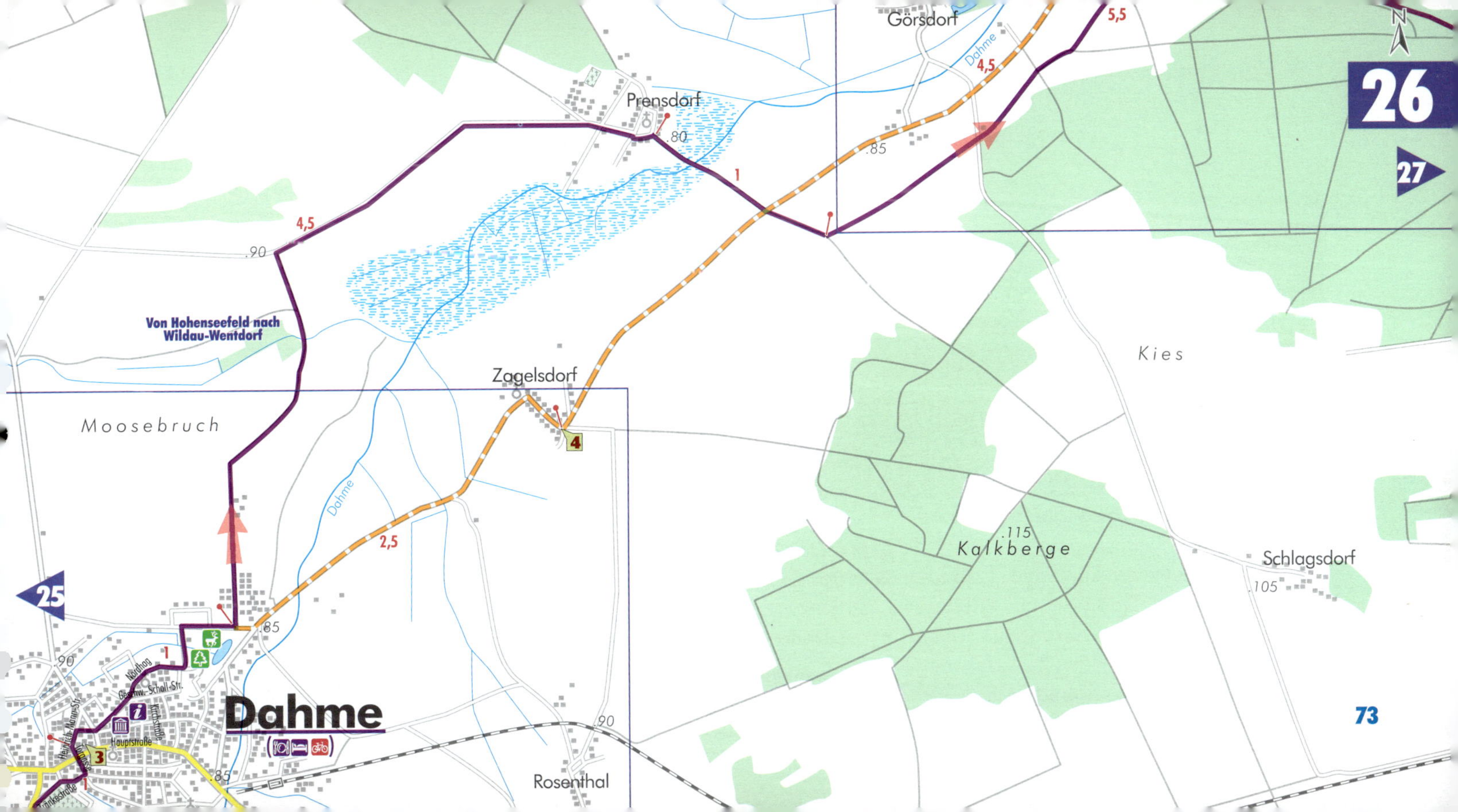
26
27
25
Görsdorf
Dahme
Prensdorf
Von Hohenseefeld nach
Wildau-Wentdorf
Moosebruch
Zagelsdorf
Kies
Kalkberge
Schlagsdorf
Dahme
Rosenthal
Nordhag
Geschw.-Scholl-Str.
Kirchstraße
Hauptstraße
Heinrich-Mann-Str.

Wildau-Wentdorf

rechts ⤳ vor der nächsten Querstraße links in den Rad- und Skaterweg.

Tipp: Alternativ zur künftigen Ausbaustrecke zwischen Dahme und Wildau-Wentdorf fahren Sie geradeaus über Zagelsdorf und dann weiter auf der Landstraße bis Wildau-Wentdorf.

Am nächsten Abzweig rechts ⤳ Sie kommen nach Prensdorf.

4 Prensdorf 16 km

An der Kirche vorbei ⤳ nach der Kreuzung links in den Rad- und Skaterweg ⤳ dann immer geradeaus durch den Wald ⤳ der Rad- und Skaterweg endet an der historischen Wassermühle in Wildau-Wentdorf.

5 WildauWentdorf 22,5 km

PLZ: 04936; Vorwahl: 035364

Tourist-Information Dahme, Töpferstr. 17, ✆ 035451/91555

Feldsteinkirche (13.Jh.)

Die **Dammmühle** wurde aufwändig rekonstruiert und ist ein beliebtes Ausflugsziel.

Im **Naturschutzgebiet „Vogelsang"** gibt es seltene Orchideenarten.

Naturschutzgebiet Niederlausitzer Rücken

Wildau-Wentdorf ist ein kleines Doppeldorf. Es liegt im äußersten Osten des Landkreises Teltow-Fläming direkt an der Grenze des Niederen Fläming und des Niederlausitzer Grenzwalls.

In den letzten Jahren hat sich der beschauliche Ort mit der restaurierten Wassermühle zu einem beliebten Ausflugsziel entwickelt.

Tipp: Von Wildau-Wentdorf sind es 4 Kilometer bis zum Regionalbahnhof in Drahnsdorf, wo Sie Anschluss an den RE5 Richtung Berlin und Elsterwerda haben.

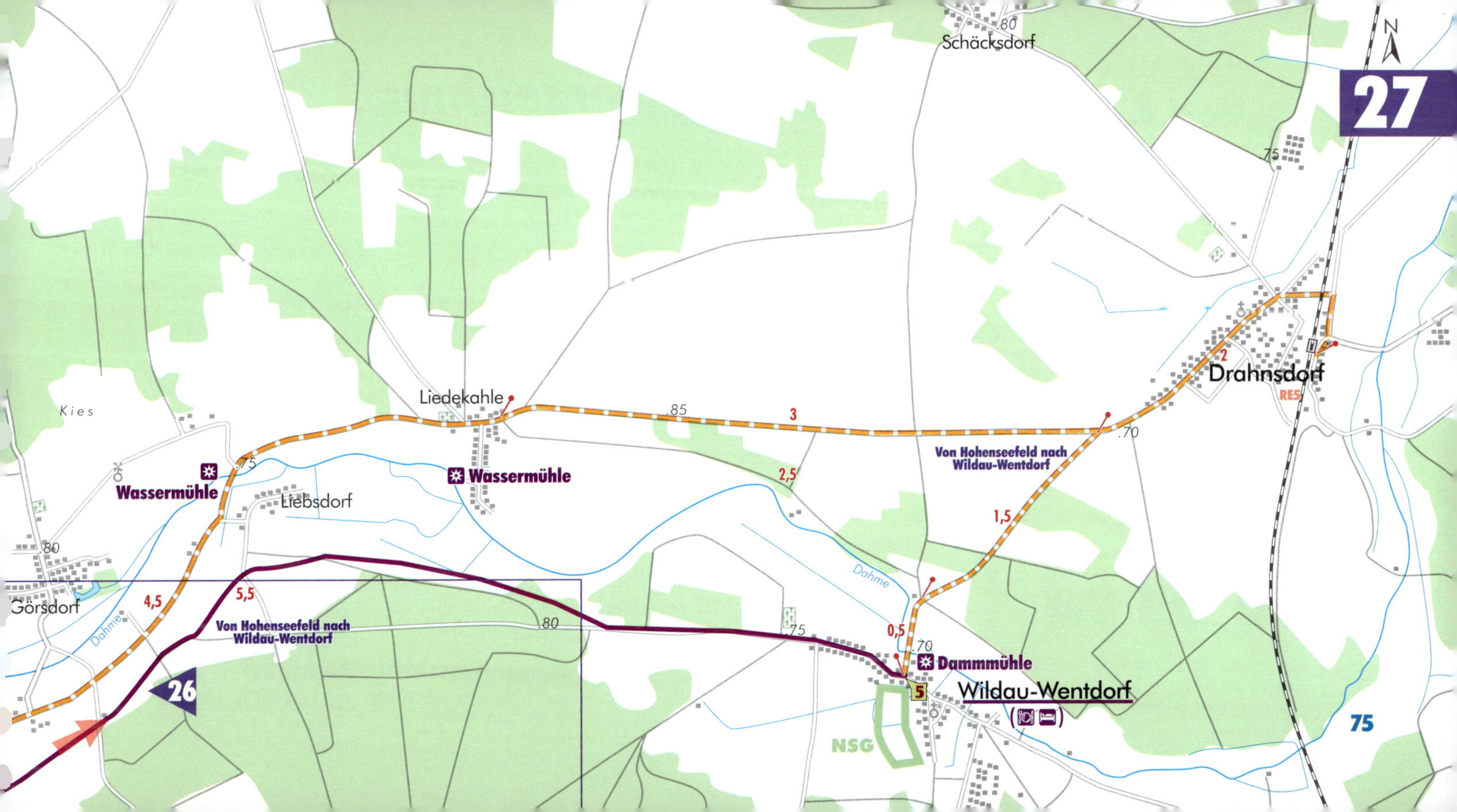

27
Schäcksdorf
.80
75
Drahnsdorf
RE5
2
Liedekahle
.85
3
.70
Von Hohenseefeld nach Wildau-Wentdorf
Kies
.75
Wassermühle
Wassermühle
Liebsdorf
2,5
1,5
.80
Görsdorf
Dahme
4,5
5,5
Von Hohenseefeld nach Wildau-Wentdorf
.80
.75
Dahme
0,5
.70
Dammmühle
5
Wildau-Wentdorf
26
NSG
75

Bett & Bike

Bett & Bike

Alle mit dem Bett & Bike-Logo () gekennzeichneten Betriebe nehmen an der ADFC-Aktion „Fahrradfreundliche Gastbetriebe“ teil. Sie erfüllen die vom ADFC vorgeschriebenen Mindestkriterien und bieten darüber hinaus so manche Annehmlichkeit für Radfahrer. Detaillierte Informationen finden Sie in den ausführlichen Bett & Bike-Verzeichnissen – diese erhalten Sie überall, wo's *bikeline* gibt.

ADFC Allgemeiner Deutscher Fahrrad-Club

Übernachtungsverzeichnis

Im Folgenden sind Hotels (H), Hotel garni (Hg), Gasthöfe (Gh), Pensionen (P), Privatzimmer (Pz), aber auch Jugendherbergen () und Campingplätze () der wichtigsten Orte im Berich von FLAEMING-SKATE angeführt. Die Orte sind in alphabetischer Reihenfolge aufgelistet.

Das Verzeichnis erhebt keinen Anspruch auf Vollständigkeit und stellt keine Empfehlung der einzelnen Betriebe dar! Wichtiges Auswahlkriterium ist die Nähe zur Radroute und zu den Stadtzentren. Die römische Zahl (I-VI) hinter der Telefonnummer gibt die Preisgruppe des betreffenden Betriebes nach folgender Unterteilung an. Diese Preisgruppen lassen nur bedingt Rückschlüsse auf Qualität oder Ausstattung der Betriebe zu.

I	unter € 15,–	
II	€ 15,–	bis € 23,–
III	€ 23,–	bis € 30,–
IV	€ 30,–	bis € 35,–
V	€ 35,–	bis € 50,–
VI	über € 50,–	

Die Angaben beziehen sich (in Ungarn nur bei Hotels) auf den Preis pro Person in einem Doppelzimmer mit Dusche oder Bad und Frühstück, sofern nichts anderes angegeben ist. Betriebe, die nur Etagenduschen bzw. -bäder anbieten, sind durch das Symbol nach der Preisgruppe gekennzeichnet.

Da wir das Verzeichnis stets erweitern, sind wir für Anregungen Ihrerseits dankbar. Die Eintragung erfolgt kostenfrei.

Dahme/Mark

PLZ: 15936; Vorwahl: 035451

i Tourist-Information, Töpferstraße 17, ✆ 91555

H Am Schlosspark, Am Schloss 3, ✆ 893132, II

P Hammer, Luckauer Chaussee 22/23, ✆ 201 u. ✆ 90069, I

Pz Marold, Luckauer Str. 9, ✆ 386, I

Pz Wiedner, Kirchstr. 21, ✆ 8352, I

Rosenthal

P Fege, Hauptstr. 22, ✆ 8167, II-IV

Dennewitz

PLZ: 14913; Vorwahl: 033741

ℹ Touristikinformation Niedergörsdorf - Flugplatz, Kastanienallee 21, ✆ 80906

Gh Zum Grafen Bülow, Dorfstr. 12, ✆ 72030, II

Glashütte (b. Baruth)

PLZ: 15837; Vorwahl: 033704

ℹ Verein Glashütte e.V., Huttenweg 20, ✆ 980914

H Kinder-, Jugend- und Familienhotel, Hüttenweg, ✆ 65442

Gh Reuner, Hüttenweg 18, ✆ 67065, IV-V

Gölsdorf

PLZ: 14913; Vorwahl: 033741

ℹ Touristikinformation Niedergörsdorf - Flugplatz, Kastanienallee 21, ✆ 80906

Gh Miething, Dorfstr., ✆ 72258

Jänickendorf

PLZ: 14947; Vorwahl: 03371

ℹ Gemeindeverwaltung Ruhlsdorf - Nuthe-Urstromtal, Frankenfelder Str. 10, ✆ 033731/6860

Gh Märkischer Landmann, Alte Hauptstr. 49, ✆ 4007080

P Kostmann, Alte Hauptstr. 41, ✆ 637331

Jüterbog

PLZ: 14913; Vorwahl: 03372

ℹ Stadtinformation, Markt 21, ✆ 463113

H Zum Goldenen Stern, Markt 14, ✆ 401476, III-IV

H Bergschlösschen, Luckenwalder Str. 17, ✆ 403010, IV

H Goldener Anker, ✆ 432780, III

H Am Bad, Teichstr. 1, ✆ 432916, III

P Landhaus Heinrichsdorf, Hauptstr. 5, ✆ 441580, II

P Imme, Zinnaer Vorstadt 25, ✆ 401454, I

P Wiesenblick, Friedrich-Ebert-Str. 48, ✆ 403374, II

P Taverna Dimokritos, Schillerstr. 25/27, ✆ 439338, I

Kemlitz

PLZ: 15926; Vorwahl: 035454

ℹ Tourist-Information Dahme, Töpferstr. 17, ✆ 035451/91555

Pz Große, Luckauer Str. 9, ✆ 339, I

Kloster Zinna

PLZ: 14913; Vorwahl: 03372

ℹ Stadtinformation Jüterbog, Markt 21, ✆ 463113

H Alte Försterei, Markt 7, ✆ 4650, V-VI

H Zum Klosterhof, Klosterstr. 13, ✆ 404644, IV

Gh Klostereck, Klosterstr. 8/10, ✆ 432964, III

P Harzmann, Jüterboger Str. 4, ✆ 441794, II

P Kuntscher, Pferdestr. 11, ✆ 401700

Pz Bertuch, Jüterboger Str. 22, ✆ 402955, II

Pz Scheer, Mühlenstr. 48, ✆ 403047, I

Pz Seemann, Mozartstr. 6, ✆ 402548, I

Pz Seiler, Baruther Str. 2, ✆ 405922, I

Pz Zilz, Triftstr. 76, ✆ 402881, I

Körba

PLZ: 15936; Vorwahl: 035451

ℹ Tourist-Information Dahme, Töpferstr. 17, ✆ 91555

$c Campingplatz Körbaer Teich, ✆ 575

Kolzenburg

PLZ: 14943; Vorwahl: 03371

ℹ Tourismusverband Teltow-Fläming e. V., Zinnaer Str. 34, ✆ 6435-50, -51

H Zum Eichenkranz, Unter den Eichen 1, ✆ 610729

Ließen

PLZ: 14913; Vorwahl: 033745

ℹ Tourismusverband Teltow-Fläming e. V., Zinnaer Str. 34, ✆ 6435-50, -51

P Zum kühlen Grunde, Dorfstr. 7, ✆ 50222, II

Herberge Haus „Hoher Golm", Dorfstr. 15b, ✆ 50310

Liepe

PLZ: 14913; Vorwahl: 033745

ℹ Tourismusverband Teltow-Fläming e. V., Zinnaer Str. 34, ✆ 6435-50,-51

P Pede – Reiterpark Tannenberg, ✆ 50419, I

Luckenwalde

PLZ: 14943; Vorwahl: 03371

Buchungsservice:

ℹ Tourismusverband Teltow-Fläming e. V., Zinnaer Str. 34, ✆ 6435-50, -51
ℹ Stadtinformation, Markt 12a, ✆ 632112
H Märkischer Hof, Poststr. 8, ✆ 6040, V, 🚲
H Pelikan, Puschkinstr. 27, ✆ 619296, V
H Vierseithof, Haag 20, ✆ 62680, VI,
P Andrea, Schützenstr. 43, ✆ 610444, III-IV
P Hartmann, Schlehenweg 3, ✆ 611300, II
P Reschke, Neue Baruther Str. 21, ✆ 612901, II
P Waldblick, Brandweg 12, ✆ 615135, II

Neuheim

PLZ: 14913; Vorwahl: 033742
ℹ Stadtinformation Jüterbog, Markt 21, ✆ 463113
Pz Jahn, Dorfstr. 65b, ✆ 433283, I

Oehna

PLZ: 14913; Vorwahl: 033742
ℹ Touristikinformation Niedergörsdorf - Flugplatz, Kastanienallee 21, ✆ 80906
P Fläming Air, Flugplatz Oehna-Zellendorf, ✆ 60330, I
P Witte, Dorfstr. 1, ✆ 60354, II
P Oehnaland, Dorfstr. 38b, ✆ 60233, II

Petkus

PLZ: 14913; Vorwahl: 033745
Freizeit- und Jugendgästehaus Gutshaus Petkus, Merzdorfer Str. 1, ✆ 70987, II

Schöna-Kolpien

PLZ: 04936; Vorwahl: 035364
ℹ Tourist-Information Dahme, Töpferstr. 17, ✆ 035451/91555
P Zur Dahmequelle, Dorfstr. 64, ✆ 4056, I

Seehausen

PLZ: 14913; Vorwahl: 033741
ℹ Touristikinformation Niedergörsdorf - Flugplatz, Kastanienallee 21, ✆ 80906
Gh Teuchner, Bahnhofstr. 21, ✆ 699-0,

Wahlsdorf

PLZ: 14913; Vorwahl: 033745
ℹ Tourist-Information Dahme, Töpferstr. 17, ✆ 035451/91555
P Walter, Schulstr. 3, ✆ 50296

Wiepersdorf

PLZ: 14913; Vorwahl: 033746
ℹ Stadtinformation Jüterbog, Markt 21, ✆ 463113
H Künstlerhaus Schloss Wiepersdorf, Bettina-v.-Arnim-Str. 13, ✆ 699-0

Wildau-Wentdorf

ℹ Tourist-Information Dahme, Töpferstr. 17, ✆ 035451/91555
P Dammühle, Dorfstr. 45, ✆ 294

Ortsindex

Einträge in **grüner** Schrift beziehen sich aufs Übernachtungsverzeichnis.

Rund ums IJsselmeer
Internationale Dollard-Route
Radatlas Ost-Friesland
Nordseeküsten-Radweg 1
Nordseeküsten-Radweg 2
Nordseeküsten-Radweg 3
Nordseeküsten-Radweg 4
Berlin – Kopenhage
Radatlas Niederrhein
Weser-Radweg
Deutsche Fehnroute
100 Schlösser im Münsterland
Lüneburger Heide-Radweg
Limfjord-Route
Radatlas Mecklenburgische Seen
Ostseeküsten Radwe
Rhein-Radweg 3
Radatlas Vulkaneifel
Leine-Radweg
Ems-Radweg
Elbe-Radweg 2
Elbe-Radweg 1
Berliner Mauer-Radweg
Ostseeküsten Radwe
Rhein-Radweg 2
Mosel-Radweg
Ruhr-Radweg
Lahntal-Radweg
Fulda-Radweg
Muldental-Radweg
Radatlas Brandenburg 3
Oder-Neiß Radwe
Rhein-Radweg 1
Saar-Radweg
Saarland-Radweg
Deutsche Burgenstraße
Main-Radweg
Main-Tauber-Fränkischer Rad-Achter
Radatlas Brandenburg 4
Spree-Radwe
Neckar-Radweg
Nahe-Radweg
Deutscher Limes-Radweg
Drei Täler-Radweg
Radatlas Donau-Allgäu
Liebliches Taubertal
Werratal-Radweg
Rennsteig-Radweg
Neckar-Radweg
Nahe-Radweg
Kocher-Jagst-Radweg
Donau-Bodensee-Radweg
Bodensee-Radweg
Radatlas München
Tour de Baroque
Fünf-Flüss